Monika Deppe

Die Zeugen Jehovas
Auch ich habe ihnen geglaubt

D1869604

Monika Deppe

Die Zeugen Jehovas
Auch ich habe ihnen geglaubt

Sanfter Einstieg, harter Ausstieg
Ein Lebensbericht

BRUNNEN
VERLAG GIESSEN · BASEL

Gepriesen sei der Gott und Vater unseres Herrn Jesus Christus, der nach seiner großen Barmherzigkeit uns wiedergeboren hat zu einer lebendigen Hoffnung durch die Auferstehung Jesu Christi aus den Toten zu einem unvergänglichen und unbefleckten und unverwelklichen Erbteil, das in den Himmeln aufbewahrt ist für euch, die ihr in der Kraft Gottes durch Glauben bewahrt werdet zur Errettung, die bereit ist, in der letzten Zeit geoffenbart zu werden. *1. Petrus 1, Verse 3–5*

Unser ganzer Dank gilt unserem Vater im Himmel und seinem Sohn, unserem Herrn Jesus Christus! Nur durch ihre Führung konnten wir wieder frei werden von einer menschlich erdachten Organisation, die fälschlicherweise den Anspruch erhebt, Gottes auserwähltes Volk auf Erden zu sein.
Danken möchte ich aber auch meinem Mann Werner, denn ohne seine Hilfe hätte ich dieses Buch nie geschrieben.
Monika Deppe

Die deutsche Bibliothek – CIP-Einheitsaufnahme

Deppe, Monika:
Die Zeugen Jehovas: auch ich habe ihnen geglaubt:
sanfter Einstieg, harter Ausstieg;
ein Lebensbericht / Monika Deppe.
– Giessen; Basel: Brunnen-Verl., 1996
(ABC-Team: Paperback)
ISBN 3-7655-1094-7

2. Auflage 1997

© 1996 Brunnen Verlag Gießen
Umschlaggestaltung: Ralf Simon
Satz: Rücker & Schmidt, Langgöns
Herstellung: St.-Johannis-Druckerei, Lahr
ISBN 3-7655-1094-7

Auf der Suche

„Läufst du schon wieder in die Kirche? Du bist doch erst letzten Sonntag dagewesen!"

Doch alle Sticheleien meines Vaters konnten mich vom Gottesdienstbesuch nicht abhalten. Gerade siebzehn Jahre alt, war Gott mir wichtig geworden. Ganz fest glaubte ich daran, daß ich nach meinem Tode einmal Rechenschaft über mein Leben vor ihm ablegen mußte.

Eines jedoch bedrückte mich sehr oft: Dieser Gott schien eigentlich weit von mir entfernt zu sein. Nie war ich mir sicher, ob er meine Gebete hören würde oder ob er überhaupt an mir interessiert war. Vielleicht war ich, eine kleine Verkäuferin, ein viel zu unbedeutender Mensch, als daß er sich um mich kümmern würde. Trotzdem wurde ich von dem, was ich in der Kirche über ihn hörte, immer wieder angezogen. Damals schrieb ich nach einem Gottesdienst in mein Tagebuch:

„In der heutigen Predigt wurde gesagt, daß es noch Zeit sei zur Umkehr zu Gott. Ich möchte gerne umkehren auf den richtigen Weg, aber wo ist dieser Weg? Oft bitte ich Gott, ihn mir zu zeigen. Wenn doch nur diese Ungewißheit in mir ein Ende hätte!"

Ja, die Frage nach dem richtigen Weg zu Gott sollte mich noch lange beschäftigen.

Einige Jahre später lernte ich meinen Mann kennen. In Glaubensfragen hatten wir ganz ähnliche Meinungen. Voller Begeisterung erzählte er mir, wie er als Kind die biblischen Geschichten über Jesus Christus unzählige Male gelesen hatte, weil sie ihm so gut gefielen. „Jesus Christus muß ein sehr beeindruckender Mann gewesen sein, nach seinen Lehren müßte man leben können, aber das ist heute wohl nicht mehr möglich. Bei den Kirchen habe ich allerdings meine Zweifel, ob sie tatsächlich immer nach dem Willen Gottes handeln. In der Geschichte des Christentums ist ganz schön viel unschuldiges Blut geflossen, denk nur an die Kreuzzüge und die Inquisitionsprozesse."

Nachdem wir geheiratet hatten, rückte für uns die Frage nach Gott ein wenig in den Hintergrund. Unser Sohn wurde geboren und wir wollten uns eine eigene Existenz aufbauen. Damit waren wir erst einmal ausreichend beschäftigt. Doch nach etwa zehn Jahren Ehe entdeckten wir eine gewisse Leere in unserem Leben. Wir waren glücklich verheiratet, hatten uns selbständig gemacht und es ging uns wirtschaftlich nicht schlecht. Aber wir hatten das Gefühl, daß uns irgend etwas Wichtiges in unserem Leben fehlte.

Sollte das der ganze Sinn des Lebens sein, jahraus, jahrein hinter dem Geld herlaufen, ab und an eine lustige Party feiern, gut Essen und Trinken und dabei alt werden und sterben? Es mußte doch noch etwas anderes geben, was diese innere Leere in uns ausfüllen würde. So gewann die alte Frage nach Gott wieder neue Bedeutung für uns.

Oft versuchten wir, diese Frage in unserem Verwandten- und Bekanntenkreis anzusprechen, aber es schien niemand Interesse daran zu haben. Immer, wenn wir auf dieses Thema kamen, wurde schnell versucht, das Gespräch in eine andere Richtung zu lenken. „Sind unsere Gedanken denn so absonderlich? Unsere Freunde scheinen uns für völlig weltfremd zu halten."

Mein Mann konnte das nicht verstehen, und mir drängte sich der Gedanke auf: „Vielleicht sind wir tatsächlich ein bißchen verrückt?"

Erste Kontakte zu den Zeugen Jehovas

In dieser Zeit kam mein Mann manchmal mit einem „Wachtturm" nach Hause, den er irgendeinem Zeugen Jehovas an irgendeiner Straßenecke abgekauft hatte. Wir fanden bewundernswert, daß Menschen mitten auf der Straße ihren Glauben so bezeugten.

Und dann saßen an einem Sonntagvormittag zwei dieser Zeugen Jehovas in unserem Wohnzimmer. Aus purer Neugier hatten wir sie hereingebeten, als sie wieder einmal an unserer Haustür klingelten. Auf unsere Frage nach dem Inhalt ihres Glaubens holte der Mann seine Bibel aus der Tasche, legte die Hand darauf und erklärte: „Dieses ist Gottes Wort, es ist die absolute Wahrheit und der Leitfaden für unser persönliches Leben. Ich gehe als Zeuge Jehovas von Tür zu Tür und suche jemanden, der mir meinen Glauben mit der Bibel widerlegen kann, aber ich habe bis heute noch niemanden gefunden."

Wir waren tief beeindruckt. So etwas hatten wir bisher noch nie gehört. Das vor uns sitzende Ehepaar war etwa in unserem Alter und sehr sympathisch. Im Laufe des Gespräches boten sie uns ein gemeinsames Bibelstudium an, was wir gern annahmen, denn wir waren neugierig geworden auf dieses Wort Gottes. Als recht kritische Menschen gingen wir jedoch erst einmal auf Distanz: „Sie sagen, die Bibel sei absolut wahrhaftig, schließen Sie die Schöpfungsgeschichte da auch mit ein? Glauben Sie tatsächlich, daß Gott Adam aus dem Staub des Erdbodens erschaffen hat?"

Unser Gesprächspartner ließ sich dadurch nicht aus der sehr souverän wirkenden Ruhe bringen und entgegnete: „Ich mache Ihnen einen Vorschlag: Beweisen Sie mir das Gegenteil!"

Diese Herausforderung nahmen wir gerne an. Es mußte doch möglich sein, diesen biblischen Schöpfungsbericht zu widerlegen. Doch bisher hatten wir uns noch nie gründlich damit auseinandergesetzt. So durchstöberten wir sämtliche Büchereien und Buchhandlungen am Ort, aber was wir über die Entwicklungsgeschichte der Erde lasen, befriedigte uns alles nicht. Da gab es zahlreiche Theorien über die Entstehung der Erde, und als wir uns dann mit der Entstehung des Lebens befaßten, kamen wir aus dem Staunen nicht mehr heraus. Der Astrophysiker Professor Heinz Haber erläuterte zum Beispiel:

> „Es ist also durchaus möglich und sogar wahrscheinlich, daß im Urozean als Folge von Blitzschlägen in das Wasser und von Bestrahlungen durch Höhenstrahlung und Radioaktivität der Erdkruste organische Moleküle in großer Anzahl entstanden sind. Irgendwann einmal hat sich vielleicht auch unter den Milliarden von Möglichkeiten ein Molekül befunden, das – wie das DNS-Molekül – die Fähigkeit besaß, sich selbst zu reproduzieren. Das war der Beginn des Lebens."
> (Aus Heinz Haber, Unser blauer Planet, 1977, Seite 99)

Das Leben sollte rein zufällig entstanden sein, um sich dann in Millionen von Jahren aus dieser Urzelle bis hin zur höchsten Form des Lebens, dem Menschen, zu entwickeln. Nein, diese Theorien bestanden für uns in ihrer Beweisführung aus zu vielen Zufällen und Hypothesen. Da erschien es uns doch vernünftiger, an die biblische Schöpfungsgeschichte zu glauben, schließlich hatten wir es doch mit einem Gott zu tun, einem Gott, für den es keinerlei Begrenzungen und Einschränkungen gab.

Die Zeugen Jehovas hatten uns darauf aufmerksam gemacht, daß Jesus selbst in Matthäus 19, Vers 4, gesagt hatte:

> „Habt ihr nicht gelesen, daß der, welcher sie schuf, sie von Anfang an als Mann und Weib schuf ..."

Sollten wir an den Worten Jesu zweifeln? Auch die Apostel glaubten daran, denn sie erwähnen in ihren Schriften Adam und Eva mehrfach namentlich. Wenn wir das alles in Zweifel ziehen würden, dann wären alle Aussagen der Heiligen Schrift leere Worthülsen.

Wir durchdachten noch einmal sämtliche Argumente, die wir zu diesem Thema gelesen hatten. Da sowohl die Schöpfungsgeschichte der Bibel als auch die Evolutionstheorie nicht mit absoluter Gültigkeit bewiesen werden konnten, also Glauben voraussetzten, war für uns der Bibelbericht die glaubwürdigere Alternative. So hatten die Zeugen Jehovas die ersten Pluspunkte bei uns gesammelt, denn ihr überzeugter Glaube hatte uns angespornt, uns intensiv mit diesem Thema auseinanderzusetzen.

Nun begann für uns eine höchst interessante Zeit. Einmal in der Woche saßen wir mit den Zeugen Jehovas, oft bis in die Nacht hinein, zusammen und diskutierten. Sie wiesen uns auf viele Prophezeiungen aus dem Alten Testament hin, die oft erst Jahrhunderte später in Erfüllung gegangen waren, und schenkten uns ein kleines Buch der Wachtturm-Gesellschaft, „Ist die Bibel wirklich das Wort Gottes?"

In dem Buch wurde berichtet, daß es im Alten Testament 332 Prophezeiungen gebe, die alle auf bestimmte Begebenheiten im Leben Jesu hinwiesen.

Das wollten wir genauer wissen! Wir lasen alle aufgeführten Texte in der Bibel nach: die Vorhersagen im Alten Testament und anschließend die Berichte im Neuen Testament, in denen von der Erfüllung der Prophezeiungen berichtet wurde. Das überzeugte uns ebenso wie biblische Voraussagen über den Untergang der Städte Tyrus und Babylon und über die Zerstörung Jerusalems in nach-neutestamentlicher Zeit. In Geschichtsbüchern fanden wir den Beweis dafür, daß sich die biblischen Prophezeiungen später tatsächlich so wie vorausgesagt ereignet hatten. Das konnte niemand manipuliert haben, dahinter mußte wirklich eine göttliche Macht stehen!

Uns begeisterte, was wir in wenigen Wochen durch die Zeugen Jehovas aus der Bibel gelernt hatten. Warum hatten wir von diesen biblisch-geschichtlichen Zusammenhängen vorher noch nie etwas gehört? Wir gaben den Zeugen Jehovas recht, die Bibel war tatsächlich Gottes Wort. Diese Erkenntnis sollte einige Jahre später von besonderer Bedeutung für uns werden, aber das ahnten wir zu dem Zeitpunkt noch nicht.

Im Dezember 1978 findet sich in meinem Tagebuch folgende Eintragung:

„Seit dem ersten Gespräch mit dem Ehepaar S. läßt uns dieses Thema nicht mehr los. Wir sind erstaunt, was alles in der Bibel steht und wie wenig wir als Christen davon wissen. Sie haben uns überzeugt, daß Gottes Gebote nur in der Bibel zu finden sind und daß ein wahrer Christ sein Leben danach ausrichten sollte. Auf einmal hat unser Leben wieder einen Sinn bekommen. Wir haben angefangen, über unseren persönlichen Glauben zu reden und gemeinsam zu beten, was uns gar nicht so leicht fällt. Das alles kann kein Zufall sein, es muß Gottes Wille und Fügung gewesen sein! Im Januar wollen wir zum ersten Mal in eine ihrer Versammlungen mitgehen, um auch einmal andere Menschen ihrer Glaubensgemeinschaft kennenzulernen. Wir bitten Gott, uns einen rechten und festen Glauben zu verleihen. Möge er uns helfen, auf diesem neuen Weg zu gehen und nicht wieder wankelmütig zu werden.“

Ein erster Einblick in die Lehren der Wachtturm-Gesellschaft

In der Zwischenzeit hatten wir begonnen, diesmal gemeinsam mit dem Ehepaar S., ein weiteres Buch der Wachtturm-Gesellschaft zu studieren, „Die Wahrheit, die zu ewigem Leben führt". Schon die ersten Sätze rissen uns in ihren Bann.

> „Möchtest du in Frieden und Glück leben? Ersehnst du für dich und deine Angehörigen blühende Gesundheit und langes Leben? Hegst du in deinem Herzen den Wunsch, alles Böse und alles Leiden möchten doch ein Ende nehmen? Jeder aufrichtige Mensch ersehnt das. Heute nehmen jedoch überall auf der Erde Gewalttat, Verbrechen, Hungersnöte und Krankheiten überhand. Warum gibt es in der Welt so viel Elend? Was bedeutet das alles? Gibt es einen stichhaltigen Grund für die Annahme, daß sich die Verhältnisse noch zu unseren Lebzeiten bessern werden?"

Das waren genau die Fragen, über die wir schon so oft ergebnislos diskutiert hatten. Natürlich wollten wir gern in Glück und Frieden leben, wer wollte das nicht? Seite für Seite lasen wir weiter in dem Buch. Die Fragen, die zu jedem Absatz aufgeführt waren, versuchten wir im gemeinsamen Gespräch zu beantworten.

Im dritten Kapitel ging es um die Person Gottes und ihren Namen. Es wurde erklärt, daß Gott sich selbst einen Namen gegeben hatte. Weiter hieß es:

> „Aus Gottes Wort, der Bibel, erfahren wir den persönlichen Namen Gottes; er lautet JEHOVA. In vielen Bibelübersetzungen ist dieser Name in Psalm 83:19 zu finden; wir lesen dort (SB) ‚… so daß sie erfahren müssen, wie du, der du Jehova heißest, allein der Höchste bist über die ganze Erde!' Und sozusagen in allen Bibelübersetzungen kommt dieser Name in Offenbarung 19: 1-6 vor, und zwar als Silbe des Ausdrucks ‚Alleluja' oder ‚Halleluja'. Dieser Ausdruck bedeutet ‚Lobpreiset Jah' (eine Kurzform von Jehova). In dem Werk ‚The Catholic Enzyclope-

dia‘ (1910, Band VIII, S. 329) lesen wir über diesen göttlichen Namen: ‚Jehova ist der Eigenname Gottes im Alten Testament.‘ Die ‚Herder-Bibel‘, eine vor kurzem herausgegebene katholische Übersetzung, verwendet regelmäßig den Namen ‚Jahwe‘, auch andere Übersetzungen gebrauchen den Namen ‚Jahwe‘. Warum dieser Unterschied?“

Nun wurde erklärt, daß der Name Gottes im Hebräischen, der Sprache, in der das Alte Testament ursprünglich geschrieben wurde, JHWH lautet. Da das in unserer Sprache nicht auszusprechen ist, war man gezwungen, Selbstlaute in das Wort einzufügen. So übersetzten die einen „JEHOVA“ und die anderen „JAHWE“. Zum Schluß des Kapitels hieß es dann:

> „Es ist jedoch nicht ausschlaggebend, wie du den Gottesnamen aussprichst, ob ‚Jahwe‘, ‚Jehova‘ oder anders, solange du ihn so aussprichst, wie es in deiner Sprache üblich ist. Verkehrt ist es indessen, den Namen nicht zu gebrauchen. Warum? Weil die Personen, die diesen Namen nicht gebrauchen, niemals das Volk Gottes sein könnten, das Gott aus den Nationen herausnimmt als ‚ein Volk für *seinen* Namen‘ (Apostelgeschichte 15:14). Wir sollten Gottes Namen nicht nur kennen, sondern wir sollten ihn auch vor unseren Mitmenschen so ehren und preisen, wie das Gottes Sohn tat, als er auf der Erde war (Matthäus 6:9; Johannes 17:6,26).“

Welch eine raffinierte Verpackung von Wahrheit und Halbwahrheiten! Schon damals begann man, unsere Gedanken unmerklich zu manipulieren. Für uns, als religiöse Laien, waren die angeführten Argumente absolut einleuchtend. Wir erwarteten von unseren Mitmenschen ja auch, daß sie uns mit unserem Namen ansprachen, also konnte Gott das gleiche Recht auch für sich selbst beanspruchen. Und stimmte es denn nicht, daß auch die Anhänger von anderen Religionen von ihrem „Gott“ sprachen?

Wie sollte man denn erkennen, welcher Gott gemeint war, wenn sich diese Götter nicht durch Eigennamen unterschieden? Daß dieser göttliche Name nur im Alten und nicht im Neuen Testament vorkam, das wurde uns damals nicht bewußt. Das Zitat aus der „Catholic Enzyclopedia" besagte doch indirekt, daß der Name *nur* im Alten Testament stand. Wir lasen einfach darüber hinweg.

Aufgefallen war uns wohl, daß die Zeugen Jehovas, die ihre „Wachtturm-Bibel" benutzten, den Namen „Jehova" auch im Neuen Testament stehen hatten – ganz im Gegensatz zu der „Luther-Übersetzung", die wir benutzten. Als wir das ansprachen, erklärte Herr S. sofort: „Da können Sie erkennen, wie gleichgültig den Kirchen der Name Gottes geworden ist."

Wie hieß es doch im letzten Satz des Studienartikels? „Wir sollen den Namen Gottes so ehren, wie Jesus ihn ehrte."

Heute fragen wir uns, wo es einen Schriftbeweis dafür gibt, daß Jesus jemals von „Jehova" oder „Jahwe" gesprochen hat. Im gesamten Neuen Testament spricht er immer nur von seinem oder unserem *Vater!* Selbst in dem „Mustergebet", das er seinen Jüngern mit dem Vaterunser gab, sagte er nicht *„Jehova,* der du bist im Himmel, geheiliget werde dein Name", sondern „Unser Vater, der du bist im Himmel …"

Aber wenn man sich so wenig in der Bibel auskennt, wie wir das damals taten, dann fallen einem solche Fakten nicht auf.

Unsere Gedanken wurden nur in die Richtung gelenkt, daß Gott einen Namen hat und ein echter Christ diesen Namen auch benutzt. So freuten wir uns sogar, daß wir diesen göttlichen Namen hatten erkennen dürfen, und nahmen uns vor, ihn wirklich zu ehren, indem wir ab sofort nicht mehr von *Gott* sprachen, sondern von *Jehova.* Wir hatten das erste Stück Gemeinsamkeit mit den Zeugen Jehovas entdeckt und waren glücklich, daß wir endlich Menschen gefunden hatten, die unsere Fragen nach Gott und nach dem Sinn des Lebens ernst nahmen.

Diese erste Gemeinsamkeit separierte uns gleichzeitig ein wenig von unserer Außenwelt, da wir dort bisher ja nur auf Unverständnis gestoßen waren. Das alles vollzog sich ganz schleichend in unserem Unterbewußtsein. Was damals wirklich mit uns passierte, das begriffen wir erst, nachdem wir die Organisation wieder verlassen hatten und in einem Buch über die psychologischen Manipulationen von Sekten informiert wurden. Wir erkannten, daß man die Gedankenmanipulationen, die in fast allen Sekten ausgeübt werden, auf keinen Fall unterschätzen darf. Aus diesem Grund können wir heute nur jeden vor einem Bibelstudium mit den Zeugen Jehovas warnen!

Durch geschickte psychologische Taktiken ist es durchaus möglich, die Gedanken anderer Menschen von außen so zu manipulieren, daß sich das Opfer dieser Manipulation dessen nicht bewußt wird. Indem die Gemeinschaften – z.B. durch ihre Predigten und Schriften – das Denken des Neulings in eine bestimmte Richtung lenken, bauen sie gleichzeitig dessen innere Widerstände ab. Nach kurzer Zeit ist der Interessierte kaum noch in der Lage, eine „freie Entscheidung" zu treffen, denn seine eigenen Überlegungen kommen aus dem Gedankenschema der Sekte nicht mehr heraus.

Auf der Suche nach der biblischen Wahrheit

Wir studierten also weiter in unserem „Wahrheitsbuch" und lernten, daß die kirchliche Lehre von einem „Dreieinigen Gott" unbiblisch sei, daß alle Toten völlig ohne Bewußtsein seien und es deshalb keine unsterbliche Seele geben könne und daß jeder vor Gott verpflichtet war, seine eigene Religion auf deren Wahrheitsgehalt zu überprüfen. Immer öfter liefen die Ausführungen des Buches darauf hinaus, daß alle anderen christlichen Kirchen falsch seien und nur die Zeugen Jehovas eine klare Erkenntnis des Wortes Gottes hatten.

Das ging uns nun doch zu weit. „Diese kleine Gruppe will den einzig wahren Glauben haben und die Volkskirchen mit all ihren namhaften Theologen sollen mit ihren christlichen Dogmen so verkehrt liegen? Das kann ich einfach nicht glauben!"

Da kam mein Mann auf die Idee: „Laß uns doch einmal zu unserem Pastor gehen, der ist doch für solche Fragen zuständig."

Richtig, der mußte sich auskennen, vielleicht würde er die Argumente der Zeugen Jehovas mit anderen Bibeltexten widerlegen können.

Als der Pastor uns besuchte, erklärten wir ihm die Situation und baten um seine Stellungnahme. Sofort bestätigte er uns, daß man keinen Grund habe, die Bibel anzuzweifeln, da sie tatsächlich das Wort Gottes sei. Dann kamen wir auf ganz spezielle Fragen: „Ist die Dreieinigkeitslehre biblisch? Was passiert mit dem Menschen nach dem Tod, ist seine Seele unsterblich? Kommen alle Menschen in den Himmel?“

Verständlicherweise erbat er sich ein wenig Zeit, um sich auf die Antworten vorbereiten zu können. Als wir jedoch nach einigen Wochen noch nichts von ihm gehört hatten, brachte ich mich bei der Gemeindehelferin in Erinnerung. Kurz darauf traf ich den Pastor auf der Straße, er begrüßte mich freundlich und tröstete gleichzeitig: „Sie stehen auf meinem Schreibtisch.“

Doch leider bekamen wir von ihm nie eine Antwort auf unsere Fragen.

In diese Zeit fielen ein Gemeindeabend und ein besonderer Gottesdienst mit anschließender Diskussion. Das war genau das Richtige für uns, dort würden wir bestimmt ein paar bibelkundige Leute treffen, die uns unsere Fragen beantworten konnten. Herb enttäuscht waren wir, als wir nur mit Phrasen und Halbheiten abgespeist wurden. Beim Gespräch über die Glaubwürdigkeit der Bibel fragten uns einige Religionslehrer nach den letzten Worten Jesu am Kreuz. Ohne unsere Antwort abzuwarten, erklärten sie: „Jeder Evangelist schreibt etwas anderes, wie wollen Sie da die Wahrheit herausfinden?“

Die Unterhaltung lief darauf hinaus, daß man die Aussagen der Bibel unmöglich alle ernst nehmen könne. Wir hatten das Gefühl, mit unseren Fragen nur lästig zu sein.

Aber warum? Wir wollten doch nichts weiter als die Wahrheit über Gottes Wort herausfinden. Wahrscheinlich hielt man uns für religiöse Fanatiker.

Dieser Einstellung begegnen wir auch heute noch sehr oft. Menschen, die Kontakt zu einer Sekte bekommen, werden als „Außenseiter“ abgetan. Welch ein verhängnisvoller Fehler! Kein Mensch wird aus einer Laune heraus Mitglied einer Sekte, sondern weil er als Suchender ganz konkrete Antworten auf Fragen braucht. Oftmals befinden sie sich gerade in einer Lebenskrise, aus der sie allein keinen Ausweg finden. Viele sind vereinsamt und haben keine Freunde, mit denen sie reden können, oder sie werden von ihren Freunden nicht verstanden. Andere fühlen sich vielleicht bedroht von den vielfältigen Problemen dieser Welt und sehen keine Zukunftsperspektive mehr für sich. Und in dieser Situation stehen dann plötzlich Sektenmitglieder vor der Haustür, haben ein offenes Ohr für die Probleme und Sorgen des einzelnen und bieten gleichzeitig ein erfolgversprechendes Lebensprogramm an.

Wer wird da nicht neugierig auf das angebotene Konzept?

Wir sind aus guter Erfahrung überzeugt davon, daß man viele Menschen von dem Schritt in eine Sekte abhalten könnte, wenn man auf ihre Fragen und Argumente eingehen würde. Dies gilt besonders für Menschen, die Kontakt zu einer „biblisch" orientierten Sekte haben. Gerade die Zeugen Jehovas verstehen es meisterhaft, suchende Menschen für das Wort Gottes zu begeistern. Indem sie die großen biblischen Zusammenhänge erklären (die in ihrer Lehre beileibe nicht alle falsch dargestellt werden), wecken sie das Interesse der Menschen. Plötzlich wird die Bibel für den Suchenden zu einer interessanten Lektüre, aus der er immer mehr lernen möchte. Da er bei seiner Suche nach dem Sinn seines Lebens in seiner persönlichen Umgebung eher auf Unverständnis und Desinteresse stößt, glaubt er irgendwann den Erklärungen der Sekte.

Doch wir gaben damals unsere Suche nach der Wahrheit nicht so schnell auf. Ich erinnerte mich an eine Religionslehrerin. Natürlich, ihr wollten wir unsere Fragen vorlegen. Wir merkten ja selbst, daß wir bisher nur einseitig über die Bibel informiert waren, nämlich nur aus der Sicht der Zeugen Jehovas.

Vielleicht gab es doch noch eine andere Perspektive, die uns bisher verborgen geblieben war. Wir fingen an, um die richtige Erkenntnis zu beten. Dieser Gott, von dessen Existenz wir schon immer überzeugt gewesen waren, und dessen Willen wir durch das Bibelstudium immer besser kennengelernt hatten, mußte doch unser Suchen bemerken, er würde uns bestimmt den rechten Weg zeigen.

So warteten wir voller Spannung auf das Treffen mit der Religionslehrerin. Doch wieder wurden wir enttäuscht! „Warum klammert Ihr Euch so an die Bibel? Ihr zitiert so oft Texte aus dem Alten Testament, die sind doch heute gar nicht mehr so wichtig!"

Wir wandten ein, daß Jesus selbst immer wieder auf die alten Schriften hingewiesen hätte, zum Beispiel in Johannes 5, Verse 46 u. 47, wo er den Juden vorhält:

> „Denn wenn ihr Mose glaubtet, so würdet ihr mir glauben, denn er hat von mir geschrieben. Wenn ihr aber seinen Schriften nicht glaubt, wie werdet ihr meinen Worten glauben?"

Ihre Antwort war ganz einfach: „Jesus war ein Jude, er war jüdisch erzogen worden und mußte deshalb an die alten Schriften glauben."

Zweifelte sie mit dieser Aussage nicht indirekt die Worte Jesu an? War die Bibel für sie wirklich die absolute Autorität in allen Glaubensfragen? Die Zeugen Jehovas hatten uns das so vermittelt, für sie schien es keine höhere Instanz als das Wort Gottes zu geben.

Erst später, nach unserem Weggang aus der Organisation, trafen wir immer wieder auf Theologen und Kirchenmitglieder, die das Wort Gottes ebenso ernst nahmen wie die Zeugen Jehovas. Für diese Menschen ist die Bibel tatsächlich ein *heiliges* Buch, im Gegensatz zu der Sekte nehmen sie das Wort Gottes so, wie es geschrieben steht, ohne dessen Inhalt zu verändern. Die Wachtturm-Gesellschaft hingegen hat sich nicht gescheut, ihre eigene Bibel – „Die Neue-Welt-Übersetzung der Heiligen Schrift" –, so zu manipulieren, daß die Aussagen in ihr spezielles Lehrprogramm hineinpassen.

Mit dem Ehepaar S. hatten wir uns inzwischen auch privat angefreundet. Ab und an trafen wir uns zum Kartenspielen oder machten gemeinsame Wanderungen. Nach der ersten Einladung zum Abendessen machte uns Herr S. allerdings ganz unverblümt deutlich: „Eine private Freundschaft kommt für mich nur in Frage, wenn sie mit einem Bibelstudium verbunden bleibt. Mein Leben ist darauf ausgerichtet, anderen Menschen das Wort Gottes zu bringen. Eine Freundschaft, die nicht mit diesem Auftrag verbunden ist, wäre für mich vertane Zeit."

Wir wußten nicht so recht, was wir davon halten sollten. Einerseits fanden wir diese Einstellung schon ein wenig befremdlich, andererseits zeigte sie uns aber auch, wie ernst er seinen Glauben nahm. Da wir ohnehin nicht die Absicht hatten, das Bibelstudium abzubrechen, akzeptierten wir seinen Standpunkt stillschweigend.

Heute wissen wir, daß seine Einstellung die Folge von jahrelanger psychischer Manipulation war, der Herr S. ausgesetzt war. Ständig wurde ihm (und allen anderen Mitgliedern) suggeriert, daß es Jehova gegenüber undankbar sei, eigene Interessen zu verfolgen. Die Wachtturm-Lehren waren inzwischen tief in seinem Innern verankert und hatten seine eigene Identität nach und nach überdeckt. Er lebte nur noch nach den Maßstäben der Sekte.

Natürlich war er sich dessen nicht bewußt. Felsenfest behauptete er, nach seinen ureigenen, persönlichen Entscheidungen zu handeln.

Vielen Menschen bleibt solch ein Geschehen unverständlich, sie sind überzeugt, daß ihnen so etwas nie passieren könnte. Aber kann man sich dessen wirklich so sicher sein? Mit großem Erfolg benutzen Werbefachleute seit Jahren ähnliche Strategien, um die Verbraucher so zu beeinflussen, daß sie Produkte kaufen, die sie ohne diese gezielte Werbung wahrscheinlich nicht einmal beachten würden. Egal, ob sie im Kino oder vor dem Fernsehgerät sitzen, immer wieder bekommen sie ein Produkt, oft zwei- oder dreimal hintereinander, vorgestellt. Beim ersten Mal registriert man vielleicht die angepriesene Ware gar nicht, aber beim zweiten und dritten Mal bleibt zumindest ein Teil der Informationen im Unterbewußtsein haften. Und wer von uns hat beim Einkauf im Supermarkt nicht auch schon einmal genau den Artikel gekauft, der in der Werbung angepriesen wurde?

Hier haben wir es mit einer vergleichbar gearteten psychologischen Beeinflussung zu tun, der auch Sektenmitglieder ausgesetzt sind.

Wenn jemand zwei Jahre lang Zeuge Jehovas ist, wurde er durch Studienartikel und Vorträge mit einer bestimmten Lehre vielleicht hundertmal konfrontiert, ist er aber schon zwanzig Jahre in der Organisation, hat er die gleichen Gedanken tausendmal gehört. Auf diese Weise hat sich das Gedankensystem der Sekte längst in seinem Unterbewußtsein festgesetzt.

Hätten wir dieses Wissen schon damals gehabt, wären uns eine Menge Probleme erspart geblieben. So aber waren wir nach wie vor beeindruckt, wie ernst die Zeugen Jehovas ihren Glauben nahmen. Mit dem Ehepaar S. besprachen wir unsere Erfahrungen, die wir mit den Theologen in unserer Gemeinde gemacht hatten. Im Gegensatz zu uns waren sie nicht weiter erstaunt darüber, solche Begebenheiten schienen für sie nichts Neues zu sein. Sie konnten uns sogar von ähnlichen Erfahrungen berichten.

In uns bewirkten diese Erlebnisse, daß wir uns mehr und mehr zu den Zeugen Jehovas hingezogen fühlten.

Der „treue, verständige Sklave"

Die Menschen, mit denen wir geredet hatten, bestätigten durch ihre Reaktion ganz ungewollt die Aussagen der Wachtturm-Gesellschaft, die ihren Mitgliedern ständig einzureden versucht, daß alle Kirchenchristen lau sind und die Bibel nicht ernst nehmen. Nur sie, die Zeugen Jehovas, hätten eine genaue Erkenntnis der Schrift und würden ihr Leben auch danach ausrichten.

Konnten wir das nicht sogar bestätigen? War nicht alles, was wir bisher aus der Bibel gelernt hatten, durch den „treuen, verständigen Sklaven" der Gesellschaft vermittelt worden? Auch in den Versammlungen wurden wir immer wieder daran erinnert: „Vergeßt nicht, woher eure gute Bibelkenntnis kommt, ohne den ‚Sklaven', der euch ‚geistige Speise zur rechten Zeit austeilt', wüßtet ihr das alles nicht. Lest deshalb keine anderen Schriften, sie würden euch nur in die Irre führen und vom wahren Glauben abbringen!"

Was hatten wir denn vor dem Studium mit den Zeugen Jehovas aus Gottes Wort gewußt? So gut wie gar nichts! Und die ganzen

Argumente der Theologen, die wir in der letzten Zeit zu hören bekommen hatten, trugen sie nicht alle dazu bei, das Wort Gottes unglaubwürdig zu machen? Erst heute begreifen wir, wie weit unsere Meinung schon damals von der Sekte beeinflußt war.

Als wir das erste Mal von diesem „Sklaven" gehört hatten, war uns das schon ein wenig seltsam vorgekommen. Nachdem wir uns diesen Begriff hatten erklären lassen, konnten wir besser damit umgehen.

In Matthäus 24, Vers 45 spricht Jesus tatsächlich von einem „treuen und klugen Knecht" (die Wachtturm-Bibel übersetzt „treuer, verständiger Sklave"), der „Speise zur rechten Zeit austeilt". Die Zeugen beziehen diesen Text auf ihre „leitende Körperschaft", auf ein Gremium von 15 bis 18 Männern, das seinen Sitz in Brooklyn, New York, hat und von dort aus die weltweite Organisation der Zeugen Jehovas leitet. Sämtliche Wachtturm-Literatur wird hier verfaßt oder von diesen Männern zensiert, bevor sie in eigenen Großdruckereien hergestellt und von dort aus an die Versammlungen weitergeleitet wird.

Diese leitenden Männer gehören zu den sogenannten 144 000 „Auserwählten" und sollen eine besondere Beziehung zu Jehova haben. Nur ihnen teilt er angeblich seinen Willen mit und die genaue Erkenntnis seines Wortes. Indem sie diese Erkenntnis durch ihre Literatur an die Mitglieder weitergeben, „teilen sie geistige Speise zur rechten Zeit aus". Sie allein legen fest, welche Themen in den Schriften und in den Versammlungspredigten behandelt werden. So haben sie die Möglichkeit, ihren Mitgliedern immer und immer wieder die gleichen Gedanken zu vermitteln, so lange, bis der einzelne ihre Lehren völlig verinnerlicht hat. Da uns die Methode der Gedankenkontrolle, die hinter diesem System steckt, damals fremd war, erschien uns die Erklärung bezüglich des „Sklavens" recht einleuchtend.

Das ominöse Jahr 1914

Wir hatten uns jetzt fast ein Jahr lang mit dem Ehepaar S. getroffen und wollten nun langsam zu einer grundlegenden Lebensentscheidung kommen. Auf einige unserer Fragen hatten wir bisher aber immer noch keine befriedigenden Antworten finden können. Sollten tatsächlich alle anderen christlichen Denominationen falsch sein und nur die Zeugen Jehovas allein die „Wahrheit" vertreten? Dieser Absolutheitsanspruch schien doch ein wenig vermessen. Aber war diese Frage überhaupt so wichtig für unseren eigenen Glauben? Alles andere, was sie uns beigebracht hatten, war von uns gewissenhaft in unserer Bibel nachgeprüft und als richtig empfunden worden. Bis auf die Frage nach dem Jahr 1914. Das Jahr 1914 hat eine ganz besondere Bedeutung im Glauben der Zeugen Jehovas, die uns einfach nicht einleuchten wollte. Man hatte uns erklärt, daß Jesus Christus im Jahr 1914, unsichtbar für uns Menschen, sein Königreich im Himmel aufgerichtet hatte. Diese Jahreszahl war von den Zeugen Jehovas erkannt worden, nachdem sie verschiedene Bibeltexte mit weltlichen Geschichtsereignissen verbanden. Im Buch Daniel, Kapitel 4, wird berichtet, daß der König Nebukadnezar den Verstand verliert und sein Königreich in dieser Zeit ohne Herrscher ist. Nach „7 Zeiten" kehrt sein Verstand wieder zurück, er erkennt die Herrlichkeit Gottes an und sein Reich kommt zu neuer Macht und Größe.

Die Wachtturm-Organisation übertrug diesen Bericht auf den Tod des letzten israelitischen Königs im Jahr 607 v. Chr. Da es von diesem Zeitpunkt an kein „Königreich Gottes" mehr auf Erden gab, schlußfolgerten sie – in Anlehnung an den Bericht aus Daniel –, daß Gottes König, nämlich Jesus Christus, nach „7 Zeiten" in Erscheinung treten müßte. Indem sie Texte aus verschiedenen Bibelbüchern zusammenzogen, errechneten sie, daß „7 Zeiten" 2520 Jahre sein müßten. Anschließend zählten sie vom Jahr 607 v. Chr. 2520 Jahre weiter und kamen so auf das Jahr 1914 unserer Zeitrechnung.

Immer wieder hatten wir diese Berechnungen durchdacht, bis wir sie endlich verstanden hatten. Die meisten der Zeugen Jehovas schienen überhaupt keine Probleme zu haben, an dieses Rechenkunststück zu glauben. Uns allerdings drängte sich die Frage auf, ob es richtig war, verschiedene Bibelaussagen so miteinander zu vermischen, wie es hier getan wurde. Durfte man menschliche Berechnungen, die nicht buchstäblich in der Schrift zu finden waren, als unumstößlichen Glaubensgrundsatz manifestieren? Gerade das Ehepaar S. hatte uns wiederholt aufgefordert, in der Heiligen Schrift nachzuprüfen, ob das, was sie lehrten, auch der biblischen Wahrheit entsprach.

An einem unserer gemeinsamen Abende brachten wir das Thema „1914" zur Sprache. Als wir dann bekannten, an diese Theorie nicht glauben zu können, erlebten wir unsere erste gravierend negative Erfahrung. Eiskalt wurde uns entgegnet, daß wir nicht mehr unsere eigenen Gedanken äußerten, sondern argumentierten, wie der Satan uns eingegeben hätte.

„Das ist ja ungeheuerlich!" Mein Mann hätte den Kontakt zu ihnen am liebsten sofort abgebrochen.

„Laß uns doch erst einmal darüber schlafen", versuchte ich ihn zu beruhigen.

Und tatsächlich, am nächsten Tag sahen wir das Erlebnis vom Vorabend schon mit anderen Augen. Waren wir vielleicht doch ein wenig weit gegangen mit unseren Zweifeln? Bisher hatten wir noch keine maßgeblichen Fehler oder größere Unstimmigkeiten in den Lehraussagen der Zeugen Jehovas gefunden. Lag es nicht durchaus im Bereich des Möglichen, daß die Berechnung dieser Jahreszahl richtig war? Außerdem – war dieses Datum wirklich so wichtig? Einzig und allein wichtig war doch, daß Jesus Christus heute im Himmel zur Rechten Gottes saß, ob nun vom Jahre 1914 oder von einem anderen Zeitpunkt an, was spielte das schon für eine Rolle?

Für unseren Glauben an Jehova war das Jahr 1914 wirklich nicht ausschlaggebend. Vielleicht waren wir einfach zu ungeduldig, wir wollten gleich alles auf einmal lernen und begreifen. Das Ehepaar S. beruhigte uns: „Eure Fragen werden sich im Laufe der Zeit ganz von selbst beantworten, das Licht der Erkenntnis wird auch für euch immer heller werden."

Wie oft sollten wir diesen Satz später noch in den Versammlungen zu hören bekommen, vor allen Dingen dann, wenn sich eine der Wachtturm-Thesen wieder einmal verändert hatte.

Nach und nach schliefen auch die letzten Zweifel in uns ein.

„Babylon die Große"

Das nächste Kapitel in dem „Wahrheitsbuch" lautete: „Geht aus ihrer Mitte hinaus."

> „Jehova Gott erwartet von allen, die ihn lieben und ihm dienen, daß sie sich von der falschen Anbetung fernhalten",

hieß es dort gleich im ersten Satz. Es wurde uns beigebracht, daß alle falschen Religionen zu „Babylon der Großen", dem Weltreich der falschen Religionen gehören würden. „Babylon die Große" ist ein Begriff, der in der Offenbarung beschrieben wird. Im „Wahrheitsbuch" hieß es dann weiter:

> „Nicht nur die Dreieinigkeitslehre, die Lehre von der Unsterblichkeit der Menschenseele und von der Höllenqual, sondern auch jede andere Lehre und jeder andere Brauch, die dem inspirierten Wort Gottes widersprechen, sind ein Merkmal der falschen Religion. Und eine Religionsgemeinschaft, die eines dieser Merkmale aufweist, läßt dadurch erkennen, daß sie zu Babylon der Großen gehört. Eine Religionsgemeinschaft mag behaupten, sie trete für die Verehrung des wahren Gottes, des Gottes der Bibel, ein, und sie mag den Namen seines Sohnes Jesus Christus gebrauchen, aber was nützt das, wenn sie mit babylonischen Lehren und Bräuchen verunreinigt ist? (Galater 5:7-9; Matthäus 7:22,23) Gott hat vorausgesagt, daß plötzlich, ‚an einem Tag', die Plagen, nämlich ‚Tod und Trauer und Hungersnot', über Babylon die Große kommen werden. Es ist daher äußerst dringlich und zu unserem Besten, wenn wir jetzt jede Verbindung mit diesem Reich der falschen Religionen lösen (Offenbarung 18:8)."

Hatten wir selbst nicht schon vor unserem Studium mit den Zeugen Jehovas die Fehler der Kirchen kritisiert? Und die Erfahrungen, die wir in den letzten Monaten während der Gespräche mit Kirchenmitgliedern gemacht hatten, waren auch unbefriedigend gewesen. Für uns hatte es den Anschein, daß nur die Zeugen Jehovas die Bibel wirklich ernst nahmen und nichts darin anzweifelten.

Wir hatten gerade das vorletzte Kapitel im „Wahrheitsbuch" gelesen: „Dein Entschluß, Gott zu dienen." Auf Seite 183, Absatz 4 und 5, hieß es dort:

> „Es ist angebracht, daß du Jehova sagst, du möchtest ihm angehören und du möchtest seinen Willen tun, und zwar nicht nur jetzt, sondern für immer (Psalm 104:33) ... Beweise, daß du ein Mensch bist, der sein Wort hält, indem du an deinem Entschluß festhältst und dein Hingabegelübde erfüllst, solange du lebst ...Wie du erfahren hast, hat Gott auf Erden eine Organisation; darin findest du reife Christen, die dich gerne liebevoll ermuntern und unterstützen (1. Petrus 5:8,9; 3:12; 1. Thessalonicher 5:11)."

In den Absätzen 8 und 9 wurde dann auf die Taufe hingewiesen:

> „Durch die Taufe beweist und bezeugt man vielmehr, daß man sich Jehova Gott feierlich hingegeben hat und daß man sich ihm nun darstellt, um seinen Willen zu tun ... Durch die Hingabe und Taufe hat man natürlich noch nicht den ganzen Willen Gottes erfüllt ..."

Oh, was waren wir doch naiv! Erst später begriffen wir, daß kein Mensch auf Erden in der Lage ist, Gottes Willen ganz zu erfüllen. Wie sagt doch der Apostel Paulus im Brief an die Römer, Kapitel 3, Vers 12?

> „Alle sind abgewichen, sie sind allesamt untauglich geworden; da ist keiner, der Gutes tut, da ist auch nicht einer."

Jeder von uns ist angewiesen auf die Gnade und Barmherzigkeit Gottes! Wenn wir unser ewiges Leben durch absoluten Gehorsam und „Predigtdienst“ verdienen könnten, dann wäre der Tod Christi vergeblich und sinnlos gewesen. Natürlich dürfen wir diese Gnade Gottes nicht als Freibrief für unsere Schlechtigkeit benutzen, denn was der Mensch sät, das wird er auch ernten. Wenn die Bibel davon spricht, den Willen Gottes zu tun, meint sie in der Regel, daß wir aus tiefem Herzen an Jesus Christus als unseren Erlöser glauben und ein Leben in Liebe und Barmherzigkeit führen sollen; daß wir auch über unseren Glauben reden, wird dann zu einer Selbstverständlichkeit.

Aber solche Gedanken kamen uns damals überhaupt nicht in den Sinn. Von der Gnade Gottes war in den Versammlungen nur selten die Rede. Immer wieder ging es darum, daß ein „aufrichtiger Diener Jehovas“ etwas tun mußte, aus Dankbarkeit dafür, daß Gott seinen Sohn für ihn als „Loskaufsopfer“ gegeben hatte.

Was bewirkte das Gelübde, „Jehova treu zu dienen“, tatsächlich? Es diente dazu, jeden Täufling uneingeschränkt an die Wachtturm-Gesellschaft zu binden. Er wurde von der „Organisation Jehovas“ in die Pflicht genommen und angeleitet, nach deren Satzungen und Geboten zu leben, denn das schien der Wille Jehovas zu sein.

Wir werden Mitglied in der „Organisation Jehovas“!

Nach einigen Wochen legten uns die Ältesten der Versammlung rund achtzig Tauffragen vor. Anhand dieses Fragenkataloges kontrollierten sie, ob wir die Lehrmeinungen der Wachtturm-Gesellschaft anerkannten. Unsere Zweifel an ihrem Absolutheitsanspruch und an dem Jahr 1914 brachten wir in diesem Gespräch natürlich nicht mehr zur Sprache. Wir hatten beschlossen, in diesen Punkten unsere eigene Meinung zu behalten. Das mußten wir den Ältesten ja nicht unbedingt erzählen.

Beim nächsten Kreiskongreß sollte es dann soweit sein, wir würden Glieder in der „großen Familie Jehovas“ werden. Und eine Familie hatten wir auch nötig, denn in unserer eigenen Familie war es zu einem ganz empfindlichen Bruch gekommen. Auf unserer letzten gemeinsamen Geburtstagsfeier hatten wir vor unserer gesamten Verwandtschaft erklärt, daß wir ab sofort weder Geburtstag noch Weihnachten und Ostern feiern würden, denn das alles seien heidnische Bräuche, die Jehova mißfielen.

Unsere Familie reagierte sehr betroffen. Wir dachten nicht weiter darüber nach, wie sehr wir sie damit verletzten, uns war nur noch wichtig, nicht gegen Jehovas Gesetze zu verstoßen.

Die Zeugen Jehovas hatten uns schon vorher gewarnt, daß es bestimmt Schwierigkeiten innerhalb der Familie geben würde. Dies sei ganz natürlich, da sie als „Ungläubige" nicht „in der Wahrheit" leben würden, sondern immer noch unter dem Einfluß des Satans, des Gottes dieser Welt, stünden. Da auch wir früher in diese satanische Welt gehört hatten, würde der Teufel nun durch unsere Familie versuchen, uns von dem wahren Weg wieder abzubringen. Wir müßten uns dann entscheiden, wem wir die Priorität in unserem Leben einräumen wollten, Jehova Gott oder unseren Verwandten.

Natürlich stand für uns fest, daß wir Jehova an die erste Stelle setzen würden. Wir liebten unsere Familie zwar immer noch und wollten den Kontakt zu ihnen auch auf keinen Fall ganz abreißen lassen, aber Jehova stand doch noch eine Stufe über ihnen.

Welch eine Liebe muß diese „ungläubige" Verwandtschaft zu uns gehabt haben, daß sie uns in all den Jahren nie fallenließ, obwohl wir sie durch unser Verhalten oft verletzt haben. Nur wenige Zeugen Jehovas handeln so tolerant und vorurteilslos! Trotz ihrer vielgepriesenen „Liebe zu Jehova" hat man sie zu kalten, gefühlsarmen Menschen erzogen.

Erst nach unserem Weggang aus der Organisation wurde uns bewußt, wie hartherzig wir damals gehandelt hatten und wie wertvoll eine Familie ist. Wir sind unendlich dankbar, daß wir heute wieder ein offenes, herzliches Verhältnis zu unseren Verwandten und besonders zu unseren Eltern haben dürfen!

Damals waren wir zu solchen Empfindungen nicht mehr fähig, denn wir wurden mehr und mehr gefangengenommen von dem Denkschema der Sekte. Natürlich dachten wir oft mit Trauer und

Wehmut daran zurück, wie schön und harmonisch unsere gemeinsamen Familienfeiern gewesen waren, aber für Jehova wollten wir gerne das Opfer bringen und darauf verzichten. Als dann der Geburtstag meines Vaters kam, brachten wir es doch nicht über uns, ihn zu übergehen. Wir riefen unseren Vater wenigstens an und wünschten ihm alles Gute.

In den Augen der Zeugen war das bestimmt keine „loyale Gesinnung“, aber wir praktizierten das in unserer gesamten Sektenzeit, ohne in der Versammlung darüber zu reden.

Auch hier haben wir es wieder mit einem raffinierten Schachzug zu tun, der in fast allen Sekten angewandt wird. Durch einseitige Argumente versucht man, die Mitglieder von ihren Familien möglichst zu isolieren, weil sie sich dadurch automatisch noch enger an die Sekte anschließen. Die religiöse Gruppe wird zum Familienersatz. Auch die Zeugen Jehovas wissen, daß der Einfluß der „ungläubigen“ Verwandten nicht zu unterschätzen ist. Gerade durch das Wirken von Eltern oder engen Freunden haben viele Zeugen Jehovas die Organisation wieder verlassen. Deshalb versucht man, Familienfeiern als „unbiblisch“ darzustellen und Verwandtenbesuche einzuschränken, indem man das allgemeine Wachtturm-Studium (die Hauptzusammenkunft der Zeugen) in die Zeit legt, in der üblicherweise die meisten Familienbesuche stattfinden, nämlich auf den Sonntagnachmittag.

Kaum ein Mitglied wird einer Versammlung fernbleiben, um an einem Familientreffen teilnehmen zu können.

Einige Wochen später stand ich am Ausgang des großen Kongreßzentrums in Möllbergen. Die Veranstaltung war gerade zu Ende gegangen, und im Gedränge hatte ich Mann, Sohn und die Familie S. aus den Augen verloren. Während ich hier auf sie wartete, betrachtete ich meine Umgebung etwas genauer. Was hatten die Zeugen Jehovas aus diesem ehemaligen Fabrikgelände nicht alles gemacht! Schon die Außenanlagen waren ansprechend von einem Gartenbaumeister gestaltet worden, und auch die Innenräume erinnerten nicht im entferntesten mehr an eine Fabrik.

Der große Vortragssaal, der mit bequemen Stühlen ausgestattet war, bot Platz für mehrere hundert Personen. Es gab einige

Nebenräume, und da die Kongresse das ganze Wochenende über dauerten – die Teilnehmer fuhren praktisch nur zum Schlafen nach Hause –, waren eine große Küche und eine Cafeteria eingerichtet worden, in denen die gemeinsamen Mahlzeiten eingenommen wurden. Alles machte einen ordentlichen, gepflegten Eindruck.

Diese Kongreßzentren sind flächendeckend über alle Länder, in denen die Organisation präsent ist, verteilt. Sie sind der ganze Stolz der Zeugen, denn alle Häuser sind überwiegend durch Eigenleistungen der Mitglieder gebaut oder renoviert worden.

Hunderte von Menschen strömten jetzt an mir vorbei, die meisten waren mir unbekannt, denn auf diesen Kreiskongressen trafen sich die Versammlungsmitglieder aus vielen verschiedenen Städten, und sie alle waren jetzt „meine Geschwister". Hatte Jehova mir meine Familie, zu der wir nur noch sehr lockeren Kontakt hatten, nicht wunderbar ersetzt? Statt einem einzigen Bruder hatte er mir Hunderte von Brüdern und Schwestern geschenkt. Ja, seit heute gehörten auch wir zu dem „auserwählten Volk Gottes". Vor wenigen Stunden waren wir hier, in einem extra eingerichteten Taufraum, getauft worden. Vor vielen Zuschauern hatten wir feierlich gelobt, Jehova bis zu unserem Tod treu zu dienen. Anschließend waren wir von einem der Ältesten in dem großen Taufbecken völlig untergetaucht worden.

Daß die „Taufformel", die verwendet worden war, nicht den biblischen Anweisungen entsprach, war uns nicht aufgefallen. In Matthäus 28, Vers 19 legt Jesus selbst sehr deutlich fest, in wessen Namen eine Taufe vollzogen werden soll, wenn er sagt:

> „... macht alle Nationen zu Jüngern, indem ihr diese tauft auf den Namen des Vaters und des Sohnes und des Heiligen Geistes ..."

Da diese Worte auf die Dreieinigkeit Gottes hinweisen, hatten die Zeugen Jehovas diese Anweisung nicht benutzt, denn die Dreieinigkeitslehre war nach ihrer Meinung unbiblisch und wurde von ihnen in das Reich der Mythologie verwiesen. Wieder war uns eine gravierende Sonderaussage in der Wachtturm-Lehre entgangen!

Auffällig war, daß uns gleich nach unserer Taufe von den meisten Versammlungsgliedern das „Du“ angeboten wurde. Bis auf wenige Ausnahmen waren wir mit allen bisher bei dem förmlichen „Sie“ gewesen. Dieses „Du“ war wie eine Bestätigung des einzelnen: „Jetzt gehörst du wirklich zu uns.“

Beim darauffolgenden Wachtturm-Studium wurden wir von einigen Ältesten angesprochen. Sie hätten uns am Donnerstag bei der „Theokratischen Schule“ vermißt.

Uns vermißt? Wir hatten doch nie regelmäßig alle Versammlungen besucht. Nach mehreren solcher Fragen begriffen wir, daß man als getauftes Mitglied mehr oder weniger verpflichtet war, in allen Zusammenkünften zu erscheinen. Aber stand so etwas ähnliches nicht sogar in der Bibel? Nach einigem Suchen hatten wir die Stelle in Hebräer 10, Verse 24 u. 25 gefunden.

> „... und laßt uns aufeinander achthaben, um uns zur Liebe und zu guten Werken anzureizen, indem wir unser Zusammenkommen nicht versäumen, wie es bei einigen Sitte ist ...“

Das waren schon ernste Worte, vielleicht brauchte man das Zusammenkommen doch öfter, als wir gedacht hatten, um im Glauben standhaft zu bleiben?

Wie allen Sekten-Neulingen war auch uns entgangen, daß man bis zu seiner endgültigen Mitgliedschaft, bei den Zeugen Jehovas ist das die Taufe, in jeder Sekte einen Sonderstatus genießt.

Fast alle Gruppen gehen bei der Anwerbung neuer Mitglieder nach dem selben System vor:

Als erstes versucht man, das Vertrauen der Menschen zu erlangen. Bei uns hatte man das erreicht, indem man uns zum Beispiel biblische Wahrheiten gezeigt hatte, die uns vorher nicht bekannt gewesen waren. In bezug auf Versammlungsbesuche ließ man uns sehr viel eigene Entscheidungsfreiheit, niemals wurde uns gesagt, daß wir nach unserer Taufe verpflichtet wären, sämtliche Richtlinien der Wachtturm-Gesellschaft zu befolgen und somit auch dreimal wöchentlich im Königreichssaal zu erscheinen hätten.

Ist ein Vertrauensverhältnis zur Gruppe oder zu einzelnen Gruppenmitgliedern entstanden, wird versucht, dem Neuling die jeweilige „Heilslehre“ beizubringen. Wir studierten zu diesem Zweck das „Wahrheitsbuch“. In Zusammenhang mit dieser „Heilslehre“ wird die Sehnsucht nach einer „neuen, heilen Welt“ geweckt, die jeder gerne erreichen möchte. Bei den Zeugen Jehovas ist das die Aussicht, später einmal auf einer paradiesischen Erde in Glück und Freude leben zu können.

Schon zu diesem Zeitpunkt beginnt die Indoktrination. Die Gedanken des Neulings werden alle in eine Richtung gelenkt, nämlich daß dieses Heil nur erreicht werden kann, wenn man von der jeweiligen Gruppe aufgenommen wird. So ist der Suchende schnell bereit, eventuelle Bedenken zu unterdrücken, und setzt alles daran, den Erfordernissen dieser Gemeinschaft zu entsprechen.

Von Druck irgendwelcher Art ist zu diesem Zeitpunkt überhaupt nichts zu spüren. Das Ziel der Sekte ist erst dann erreicht, wenn der Neuling Mitglied geworden ist. Erst nach dem endgültigen Eintritt hat man sich den Bedingungen und Gesetzen der Gruppe völlig zu unterwerfen.

Weder der Neuling noch das langjährige Sektenmitglied sind sich dieser Mechanismen bewußt. Der langjährige Zeuge Jehovas ist überzeugt, daß er einen Menschen vor der Vernichtung in Harmagedon gerettet hat, und freut sich über den neuen „Bruder“. Es würde ihm niemals in den Sinn kommen, daß er dazu beigetragen hat, einen anderen Menschen zu manipulieren, vor allem dann nicht, wenn er selbst einmal auf die gleiche Weise in die Organisation gekommen ist.

Von nun an gaben wir uns viel Mühe, nach Möglichkeit keine Versammlung zu versäumen, und diese Stelle aus dem Hebräerbrief bereitete uns später noch oft ein schlechtes Gewissen, wenn wir einmal nicht in die Zusammenkunft gingen.

Ein neuer Lebensrhythmus

Nach der Taufe veränderte sich unser ganzer Lebensrhythmus. Bei einem „loyalen Diener Jehovas" ist fast die gesamte Freizeit mit religiösen Tätigkeiten belegt. Entsprechend sah unser Terminkalender aus:

Sonntagnachmittag – Wachtturm-Studium und Predigt
Dienstagabend – Buchstudium
Donnerstagabend – Theokratische Schule und Dienstzusammenkunft

Der Sonntag war bei den meisten Zeugen völlig ausgefüllt. Vormittags gingen viele von ihnen in den „Predigtdienst", weil sie neben ihren übrigen Verpflichtungen in der Woche dazu keine Zeit fanden. Nachmittags traf man sich mit allen Versammlungsmitgliedern im Königreichssaal. Wir hörten eine ca. 45minütige Predigt, und nach einer kurzen Pause schloß sich das einstündige „Wachtturm-Studium" an.

Familienausflüge waren von nun an undenkbar für uns. Viele Zeugen versuchten, gemeinsame Familienaktivitäten auf den Samstag zu verlegen. Das war aber nur möglich, wenn sie selbst nicht zu arbeiten brauchten und ihre Kinder schulfrei hatten. Da wir auch samstags bis 14 Uhr arbeiten mußten, blieb uns überhaupt kein freier Tag mehr, deshalb versuchten wir, wenigstens den Sonntagvormittag frei zu halten, indem wir unsere Predigttätigkeit auf einen Abend in der Woche verlegten.

Am Dienstag abend trafen wir uns dann zu Hause mit einigen anderen Familien zu einem gemeinsamen „Buchstudium". Die Zeugen studierten sehr selten nur die Bibel, sondern meistens eines der vielen von der Wachtturm-Gesellschaft herausgegebenen Bücher, in denen dann auf spezielle Bibeltexte hingewiesen wurde. Alle Studien liefen nach einem bestimmten Schema ab:

Die jeweiligen Artikel wurden Absatz für Absatz vorgelesen, ein Ältester stellte dann die ebenfalls abgedruckte Frage zu diesem Abschnitt, und jeder der Anwesenden durfte sich am Beantworten der Frage beteiligen. Gewünscht war allerdings eine Antwort, die auch im Absatz formuliert war. Alle Studienartikel waren so verfaßt, daß man sowohl die Frage als auch die Antwort daraus ablesen konnte.

Gab jemand eine Antwort, die nicht in dem Artikel enthalten war, erntete er von allen Seiten tadelnde Blicke, und seine Argumente wurden von dem leitenden Ältesten schnell abgeblockt. Wenn man also nicht unangenehm auffallen wollte, gab man nur die vorgefertigten Antworten, eine eigene Meinung wird dann völlig überflüssig. Auf diese Weise erreichte die Gesellschaft, daß alle das Gleiche dachten und glaubten und somit nach und nach eine ähnliche Persönlichkeitsstruktur entwickelten.

Während der Woche versuchte jeder, das Studienprogramm für die „Theokratische Schule" und die „Dienstzusammenkunft", die am Donnerstagabend stattfanden, vorzustudieren – das heißt zu lesen und die richtigen Antworten zu unterstreichen. In der „Dienstzusammenkunft" wurden wir geschult, unseren Glauben zu erklären und auf Argumente von Außenstehenden einzugehen. Diese Schulungen stärkten unser Selbstvertrauen, so daß es uns leichter fiel, mit unserer Botschaft von Tür zu Tür zu gehen.

Wir wurden ständig motiviert, im „Dienst für Jehova" nicht nachzulassen. Zu dieser Motivation sollten auch die Berichte über die absolvierte „Dienstzeit" beitragen. So war jeder „Verkündiger" verpflichtet, monatlich seinen persönlichen „Predigtdienstzettel" abzugeben. Hier berichtete er gewissenhaft, wieviel Stunden er mit „Predigen" zugebracht und wieviel Zeitschriften und Bücher er abgegeben hatte. Diese Aufzeichnungen werden weltweit gesammelt, und die Gesellschaft errechnet aus ihnen die durchschnittliche Dienststundenzahl, die damals zwischen acht und zehn Stunden monatlich lag.

Die Durchschnittswerte wurden jeden Monat in den Versammlungen bekanntgegeben und alle Mitglieder bei dieser Gelegenheit ermuntert, Anstrengungen zu unternehmen, um möglichst mindestens auf die gleiche Stundenzahl zu kommen. „Wenn ihr diese Zahl noch nicht erreicht habt, überprüft euren täglichen Lebensablauf, vielleicht könnt ihr darin noch etwas ändern! ... Es könnte auch sein, daß eure Hobbys zu viel Zeit in Anspruch nehmen.

Habt ihr Frauen es gelernt, euren Haushalt wirklich rationell zu führen?"

Ein Argument war in diesem Zusammenhang immer wieder zu hören: „Denkt daran, Jehova liebt einen fröhlichen Geber, das bezieht sich nicht nur auf unser Geld, sondern auch auf unsere Zeit!"

Niemand wurde bei diesen Ermahnungen persönlich angesprochen, aber jeder, der weniger als die durchschnittliche Stundenzahl auf seinem Berichtszettel hatte, ging mit sich selbst ins Gericht.

Heute wissen wir, daß dies ganz massiver psychischer Druck war, der dort auf die Mitglieder ausgeübt wurde. Damals war uns das allerdings nicht bewußt. Mein Mann setzte sich gegen diesen Druck bald zur Wehr und ließ sich wieder mehr von seinem gesunden Menschenverstand leiten. Ich aber kam nach solchen Ansprachen oft bedrückt und später, als der Druck immer größer wurde, auch weinend nach Hause, denn die durchschnittliche Stundenzahl hatte ich nur sehr selten erreicht.

Eine Mitschwester, die gezwungen war ganztägig zu arbeiten und deshalb nur wenig zum „Predigen" kam, war für längere Zeit krank geschrieben. Da sie nicht bettlägerig war, nutzte sie diese Periode, um „Hilfspionierdienst" zu leisten. Sie verpflichtete sich für einen Monat, sechzig Stunden im Dienst zu verbringen. Glücklich hörten wir sie erzählen: „Das ist das erste Mal, daß ich ohne ein schlechtes Gewissen lebe! Endlich kann auch ich genug für Jehova tun."

Anfangs erklärte man uns, die Angaben auf den „Dienstzetteln" seien nur für statistische Zwecke. Später erkannten wir, daß diese Zettel von den Ältesten und den „Kreisaufsehern" genau kontrolliert wurden. Die aufgeführte Stundenzahl war mit ausschlaggebend für die interne Beurteilung des einzelnen. Jemand, der nur noch wenig in den Dienst ging, hatte „seine loyale Haltung Jehova gegenüber" aufgegeben und mußte von den Ältesten durch Gespräche wieder auf den „rechten Weg" gebracht werden.

Auch disziplinarische Maßnahmen waren nicht unüblich. War jemand einen Monat lang überhaupt nicht im Dienst gewesen, egal aus welchen Gründen, wurde er sozusagen als Strafe drei Monate lang als „unregelmäßig" geführt. Das bedeutete für den

Verkündiger, er hatte in dieser Zeit den Maßstäben Jehovas nicht genügt. Er hatte seinen Gott betrübt und seine Chance, das ewige Leben zu erreichen, war wieder ein bißchen geringer geworden.

In der Praxis führte das dazu, daß viele „Verkündiger“ zum Beispiel für ihren Urlaubsmonat „vorarbeiteten“. Sie gingen im Monat vor ihren Ferien öfter in den Dienst, führten aber nicht alle Stunden auf ihrem Predigtdienstzettel auf, sondern „berichteten“ die restlichen Stunden erst im Urlaubsmonat. So brauchten sie kein schlechtes Gewissen zu haben, wenn sie in den Ferien einmal nicht zum Predigen gingen.

Nach einem zweistündigen Programm hatten wir am Donnerstagabend auch die dritte Zusammenkunft der Woche absolviert, nun mußten wir zu Hause nur noch den Wachtturm-Artikel, der am kommenden Sonntag behandelt wurde, vorstudieren. Vielleicht fanden wir in den beiden kommenden Tagen auch noch ein wenig Zeit, um für ein oder zwei Stunden in den „Predigtdienst“ zu gehen, dann hätten wir unsere Pflichten Jehova gegenüber wieder einmal für eine Woche erfüllt.

Außer mit Arbeitskollegen trafen wir fast nur noch mit Zeugen Jehovas zusammen. Unsere Familie sahen wir nur noch selten. Da wir kaum noch andere Gedanken aufnahmen als die der Wachtturm-Gesellschaft – zum Lesen von anderen Büchern fehlte uns meist die Zeit –, veränderte sich nach und nach auch unser eigenes Denken, ohne daß es uns bewußt wurde. Auch wir dachten und handelten fast nur noch nach dem Schema der Sekte.

Am Anfang unserer Mitgliedschaft bereitete uns das alles nur selten Probleme, höchstens, wenn wir besonders müde von der Arbeit nach Hause kamen und gerne einmal auf die Versammlung verzichtet hätten. Aber wir rafften uns jedes Mal wieder auf, weil wir als vollwertige Mitglieder von der Versammlung anerkannt sein wollten. Wir wußten, daß von jedem erwartet wurde, alle Anordnungen der Organisation zu befolgen. Erst als meine Schwiegermutter, die bei uns im Haus wohnte, zum Pflegefall wurde, kamen wir immer öfter in Gewissenskonflikte. Unsere Zeit reichte einfach nicht mehr aus, um allen Anforderungen gerecht zu werden.

Damals habe ich mich oft gefragt: „Was will dieser Gott von mir, soll ich meine Schwiegermutter pflegen oder öfter in den Dienst gehen, um andere Menschen vor dem drohenden Gerichtstag Gottes zu warnen?“

Beides konnte ich unmöglich zur vollen Zufriedenheit ausführen. So versuchte ich morgens, wenn die Oma versorgt war und noch einmal schlief, wenigstens ab und an eine Stunde von Tür zu Tür zu gehen, damit mein Berichtszettel am Monatsende nicht völlig leer blieb.

Wie hätte Jesus wohl an meiner Stelle gehandelt? War er nicht immer barmherzig und zur tätigen Liebe bereit gewesen, hatte er wirklich nur immer das Königreich Gottes verkündigt, wie man uns das in der Versammlung immer beibrachte?

Wieso hatten wir in letzter Zeit immer wieder das Gefühl, unter Druck zu stehen? Viele Fragen gingen uns durch den Kopf, auf die wir keine Antwort fanden, keine finden konnten, weil unser eigenes, kritisches Denken von der Sekte verdrängt worden war. Niemals hätten wir das früher für möglich gehalten!

In der Zwischenzeit waren wir umgezogen in einen vierhundert Kilometer weit entfernten Ort.

Lange hatten wir überlegt, ob wir diesen Umzug wirklich vornehmen sollten, denn unsere Familie würden wir dann nur noch ganz selten sehen können. Während eines Urlaubs, den wir in dieser Stadt verbracht hatten, waren wir schon im dortigen Königreichssaal gewesen und hatten die „Geschwister“ in diesem Ort kennengelernt. Da die Versammlung damals nur ca. zwanzig „Verkündiger“ gezählt hatte, waren wir sicher gewesen, daß sie sich über einen Zuzug von uns freuen würden. Wir konnten bei unseren Überlegungen davon ausgehen, daß wir in der fremden Stadt sofort Glaubensgeschwister und Freunde haben würden, die uns das Einleben in die neue Umgebung bestimmt erleichtern würden.

So hatten wir uns damals zum Umzug entschlossen und uns auf das Zusammenleben in der kleinen Gemeinschaft gefreut. Später haben wir uns oft gefragt, ob wir diesen Schritt auch getan hätten, wenn wir keine Zeugen Jehovas gewesen wären.

Kurz nach unserem Zuzug mietete sich eine ältere Glaubensschwester bei uns im Haus ein. Sie war alleinstehend und zog in unsere Stadt, um die Versammlung am Ort zu unterstützen. Wir freuten uns auf die Gemeinschaft mit ihr, sicherlich konnten wir von Schwester M. noch viel lernen, denn sie war schon fast dreißig Jahre „in der Wahrheit". Wie oft sollte uns ihr Verhalten noch zum Nachdenken bringen!

Einige Monate nach ihrem Einzug besuchten uns an einem Wochenende meine Eltern. Da wir außerhalb der Stadt wohnten und es keine anderen Fahrgelegenheiten gab, nahmen wir unsere Glaubensschwester immer mit in die Versammlungen. Während des Besuches meiner Eltern ging ich also zu ihr, um ihr mitzuteilen, daß ich sie zwar in die Stadt bringen würde, aber nicht mit in die Versammlung ginge, sie möge sich doch von jemand anders nach Hause bringen lassen. Ihre Reaktion war harsch.

„Ihr geht nicht in die Zusammenkunft, nur weil deine Eltern da sind? Wenn sie nicht mitkommen wollen, dann können sie doch einmal für zwei Stunden allein bleiben. Deshalb die Zusammenkunft zu versäumen, ist bestimmt nicht richtig! Ich habe meinen Besuch früher immer in den Königreichssaal mitgenommen."

„Meine Eltern sind vierhundert Kilometer gefahren, um uns für ein Wochenende zu sehen, und da soll uns die Versammlung wichtiger sein?

Wenn ich sie jetzt allein lassen würde, wären sie ganz bestimmt zum letzten Mal hier gewesen, das weiß ich genau, und darauf möchte ich es nicht ankommen lassen! Ich glaube auch nicht, daß Jehova mir das übelnimmt, wenn ich Rücksicht auf meine Eltern nehme." Mit solch einer Reaktion von ihr hatte ich nicht gerechnet.

Mein Mann versuchte mich zu trösten: „Nimm es nicht so tragisch, sie kann nichts dafür. Früher ging es in den Versammlungen noch viel strenger zu als heute. Denk an das, was sie über die früheren Kongresse erzählt hat, das hätten wir nie mitgemacht."

Unterwegs auf den Kongressen der Zeugen Jehovas

Ja, er hatte recht, erst unlängst hatte sie uns von den großen Bezirkskongressen berichtet, die immer am Anfang der Sommerferien stattfinden. Damals gingen die Programme bis in die Abendstunden, so daß selbst Teilnehmer, die ihre Kinder dabei hatten, oft erst um 22 Uhr in ihren Quartieren ankamen. Dagegen ging es heute wirklich human zu auf diesen Veranstaltungen.

Die Zeugen Jehovas treffen sich dreimal im Jahr zu diesen Großveranstaltungen. Im Frühjahr und im Herbst kommen bestimmte Kreise in eigenen „Kreiskongreß-Hallen" zusammen, mehrere Kreise bilden einen Bezirk, der sich dann am Beginn der Sommerferien in extra angemieteten Fußballstadien oder Messehallen trifft.

Unseren ersten „großen" Kongreß hatten wir noch vor unserer Taufe in Hannover, im Niedersachsen-Stadion, miterlebt, und ich weiß heute noch, wie beeindruckt wir damals waren. Tausende von Menschen saßen auf den Tribünen und hörten wie gebannt den verschiedenen Rednern zu. Bis auf wenige noch nicht getaufte „Interessierte" waren alle Anwesenden „Geschwister in der Wahrheit".

Im Stadion herrschte eine ganz eigene Atmosphäre. In den Vorträgen wurde immer wieder hervorgehoben, welch ein besonderes „Vorrecht" es doch sei, zum auserwählten Volk Jehovas zu gehören, und man hatte das Gefühl, daß jeder Teilnehmer dieses Treffen als etwas Besonderes empfand. Schon in den Heimatversammlungen war jeder vorher angehalten worden, sich mustergültig zu benehmen, denn man wollte auch vor der Öffentlichkeit demonstrieren, daß es eine Freude war, „Jehovas Organisation" anzugehören.

Die psychologische Wirkung solcher Massenveranstaltungen ist nicht zu unterschätzen. Für drei Tage ist der einzelne herausgelöst aus seiner Alltagswelt und wird hineingenommen in eine euphorische Scheinwelt, in der nur „Frieden und eitel Sonnenschein" herrschen. In solch einer Atmosphäre ist das Mitglied viel eher bereit, neue Anordnungen und Ermahnungen anzunehmen, und läßt sich immer wieder neu einbinden in die Organisation. Hinter den Kulissen, bei den vielen freiwilligen Helfern, die für Reinigungs-, Ordnungs- und Küchendienste verantwortlich waren, kam es allerdings – genau wie in anderen „weltlichen" Vereinen auch – oftmals zu Reibereien und Streitigkeiten. Den meisten Teilnehmern blieb dies allerdings verborgen, es hätte auch nicht in das Bild von einem glücklichen Gottesvolk gepaßt, das nach Möglichkeit der Öffentlichkeit demonstriert werden sollte.

Erst vor einigen Wochen hatten wir wieder solch ein Treffen mitgemacht. Das Programm begann am Freitag mittags und endete am Sonntag um 18.00 Uhr. Viele Teilnehmer hatten weite Anreisen zu den Kongreßstädten und mußten dort übernachten, oft stellten Geschwister aus der jeweiligen Stadt Quartiere zur Verfügung.

Wir hatten nur eine Stunde Autofahrt und fuhren deshalb abends immer nach Hause. Da wir unser Geschäft offen halten mußten, ließen wir das Freitagsprogramm ausfallen, der Aufwand war uns für die paar Stunden einfach zu groß. Allerdings verstanden das nur wenige Zeugen Jehovas, für die meisten ist es undenkbar, einen Kongreß zu versäumen. Wir ließen uns aber nicht beirren, zumal uns diese Veranstaltungen ohnehin viel Kraft kosteten, denn große Menschenansammlungen hatten wir noch nie ausstehen können.

Am Samstag blieb mein Mann wieder zu Hause, weil er ja arbeiten mußte, ich aber packte schon morgens um sieben Uhr unseren 12jährigen Sohn, unsere Oma, die schon an Altersschwäche litt, und unsere Untermieterin ins Auto und fuhr mit allen nach Nürnberg in das Messezentrum. Hier saßen dann alle Zeugen Jehovas in bunter Reihe nebeneinander, vom kleinsten Säugling im Kinderwagen bis hin zum Greis im Rollstuhl.

Selbst ältere und kranke Zeugen ließen sich nicht den Kongreßbesuch nehmen. Einige von ihnen waren so schwach, daß sie die Strapazen der Veranstaltung nur auf mitgebrachten Liegen durchstehen konnten. Und nun hörten wir einen Vortrag nach dem anderen, nur unterbrochen durch kurze Pausen oder ein Lied.

Spätestens um die Mittagszeit hatten alle Mütter ihre liebe Not, ihre Kinder ruhig zu halten, denn auch sie mußten alle Themen, die ja auf eine erwachsene Zuhörerschaft zugeschnitten waren, mit anhören.

Gesonderte Kinder- oder Jugendprogramme kennt man im „Volk Jehovas" nicht, weder auf Kongressen noch im Königreichssaal. Die Wachtturm-Gesellschaft weist in diesem Zusammenhang darauf hin, daß Jesus bei der Bergpredigt die Menschen auch nicht in Altersgruppen unterteilt hat, sondern zu allen gleichzeitig redete.

Nach einem gemeinsamen Mittagessen auf dem Messegelände und einer Pause ging es dann mit neuen Vorträgen weiter, bis etwa um 18.00 Uhr das Programm beendet war. Den Abend brauchte man dann unbedingt zum Erholen, um am nächsten Tag wieder aufnahmefähig zu sein für die viele „geistige Speise". Der größte Teil aller Vorträge bestand aus Ermahnungen und moralisch geprägten Predigten. Ein Beispiel berührte uns damals besonders unangenehm und ist mir noch gut in Erinnerung.

Wir wurden aufgefordert, wachsam zu sein, weil der „Teufel umhergeht wie ein brüllender Löwe". Dieser Text aus dem Petrusbrief wurde besonders gern zitiert. Der Redner demonstrierte uns folgendes: „Wir können unsere Situation vergleichen mit einem von einer Schlange bedrohten Kaninchen."

Sehr anschaulich malte er uns dieses Bild aus. Wir hatten das kleine, verängstigte Kaninchen förmlich vor Augen, ebenso die Schlange, die mit aufgerichtetem Oberkörper und züngelnder Zunge unbeweglich vor ihm stand. Die Spannung dieser Situation war fast körperlich zu spüren. So wie das kleine Kaninchen wie gebannt auf die Schlange starrte, starrten die Anwesenden auf den Redner am Podium. „In dem Moment, wo das Kaninchen nur kurz zur Seite sieht, packt die Schlange zu und bringt es um!"

Seine Stimme donnerte durch die Halle, so daß wir alle zusammenzuckten. „Nur für einen ganz kurzen Moment hatte das Tier seine wachsame Haltung aufgegeben, und schon hatte der Feind es gepackt! So dürfen auch wir keinen Moment unseres Lebens unsere wachsame Haltung aufgeben! Seid auf der Hut, denn unser Widersacher, der Teufel, schläft nie!"

Ein anderes Beispiel diente dazu, die Zuhörer möglichst eng an die Organisation zu binden. Eine Schafherde wurde von einem Wolf bedroht. Vor unseren geistigen Augen entstand das Bild einer großen, weidenden Herde, in der die Tiere friedlich nebeneinander grasen. Einige von ihnen hatten sich allerdings ein wenig von der Herde entfernt und weiden etwas abseits. Plötzlich schießt hinter einem Busch ein Wolf hervor und packt sich einen der Ausreißer! „Den Tieren, die sich in der Mitte der Herde aufhalten, kann gar nichts passieren. Gefährlich wird es immer nur für die Außenseiter, die glauben, auf den Schutz der Gemeinschaft verzichten zu können!"

Das war eine eindringliche Warnung an alle, die mit den Richtlinien der Gesellschaft nicht mehr ganz konform gingen.

Sich der Wirkung dieser Ansprache zu entziehen, war fast unmöglich, denn hier wurden psychische Mechanismen in Gang gesetzt, die bis tief in das Seelenleben der Mitglieder hineinwirkten.

Fast alle Sekten arbeiten mit ähnlichen Methoden. Krasse Beispiele sollen Ängste erzeugen und damit das Selbstbewußtsein des einzelnen untergraben. Gleichzeitig wird dem Menschen vermittelt, daß er nichts zu befürchten hat, wenn er sich eng an die Gruppe bindet und den Anweisungen der Führungsgremien folgt: Nur *seine* Organisation kann ihm den Schutz gewähren, den er angeblich braucht, um vor den Anschlägen Satans bewahrt zu bleiben. Daß diese Methode noch mehr in die Abhängigkeit von der Gruppe treibt, wird den Mitgliedern selten bewußt.

Einmal erwähnten wir Schwester M. gegenüber, daß diese Kongresse doch sehr strapaziös seien, und bekamen zur Antwort: „Für seinen Glauben muß man auch Opfer bringen, was meint ihr, was ich schon alles mitgemacht habe. Aber ich bin Jehova immer treu geblieben."

Oh ja, sie hatte in ihrem 30jährigen Glaubensleben schon einiges hinter sich. Ihre Ehe war schon vor vielen Jahren gescheitert, ob das mit ihrem Glauben zusammenhing, vermochten wir nicht zu beurteilen. Ihre beiden erwachsenen Kinder waren vor langer

Zeit von der Versammlung ausgeschlossen worden, aus Gründen, die uns überhaupt nicht einleuchten wollten. Laut Wachtturmlehre durfte sie nun keinen Kontakt mehr zu ihren Kindern haben. Wir wußten, wie schwer ihr das fiel, und daß sie trotzdem oft mit ihren Kindern telefonierte und sie ab und an auch besuchte.

Manchmal erzählte sie uns aus der Zeit, als ihre Familie noch intakt war. Dann blühte sie förmlich auf, alles Harte und Verkrampfte, was uns oft so störte, fiel von ihr ab, sie wurde zu einer fröhlichen älteren Dame, die in ihren Erinnerungen schwelgte.

An manchen Tagen konnte sie überaus lustig sein und wir haben viel zusammen gelacht. Wenn sie dann am nächsten Tag aus dem Predigtdienst nach Hause kam, schien sie wie umgewandelt. Ihre Fröhlichkeit und Offenheit waren wie weggepustet, übriggebliebenen war ein verkrampfter und verbitterter Mensch. „Die Leute haben es gar nicht verdient, daß man sie warnt vor Jehovas Gerichtstag, sie sind so gleichgültig, daß sie es gar nicht anders verdienen, wenn Jehova sie in Harmagedon erschlägt!"

Wie konnte sie so etwas sagen?

Erst vor einigen Tagen hatte ich mich ihr gegenüber sehr positiv über unsere Nachbarn hier im Dorf geäußert, weil ich mich darüber freute, daß wir ein gutes Verhältnis zu ihnen hatten. Ihr Kommentar schockte mich: „Was willst du mit den Nachbarn, das sind sowieso alles 'Böcke„ die werden von Jehova alle erschlagen."

Nein, so wollten wir auf keinen Fall werden! In der vorangegangenen Woche war ich mit ihr zusammen im Dienst gewesen, ich sehe die Situation noch heute vor mir: Wir besuchten einen Bauernhof. Auf unser Läuten an der Haustür öffnete sich im oberen Stockwerk ein Fenster, aus dem eine Frau heruntersah. Sofort erkannte sie, daß wir Zeugen Jehovas waren, und lehnte ein Gespräch strikt ab. Schwester M. war darüber so erbost, daß sie sich mit hoch erhobenem Zeigefinger an die Frau wandte und ihr zurief: „Auch Sie werden sich einmal daran erinnern, daß ein Prophet vor Ihrer Tür gestanden hat!"

Wütend wandte sie sich dann ab und verließ den Hof.

Ich wäre vor lauter Scham am liebsten im Erdboden versunken! Wie sollten wir Menschen mit der „guten Botschaft" erreichen, wenn wir so mit ihnen redeten? Als ich meinem Mann später von dieser Begebenheit erzählte, war er entsetzt. „Ich verstehe das nicht, sie kann doch manchmal so nett und fröhlich sein. Es ist, als hätte sie zwei Seelen im Leib." Ohne es zu wissen, hatte er den Nagel auf den Kopf getroffen.

Man kann davon ausgehen, daß fast alle Sektenmitglieder, vor allem aber jene, die *nicht* in der Sekte erzogen wurden, sondern erst später dazukamen, eine doppelte Identität besitzen. Die erste ist das alte, herkömmliche „Ich", das auf die ureigenen Bedürfnisse hört und reagiert. In diesem „Ich" ist das alte Leben, mit all seinen schönen Erinnerungen, sozusagen gespeichert.

Die zweite Identität ist die „Sektenidentität" – das „Ich", das durch geistige Manipulationen von dem Gedankengut der Sekte besetzt ist. Das Bewußtsein wird normalerweise immer nur von einer dieser Persönlichkeitsausprägungen geleitet.

Da unsere Glaubensschwester schon dreißig Jahre lang bei den Zeugen Jehovas war, hatte bei ihr die meiste Zeit die „Sektenidentität" Dienst. Nur wenn sie sich an frühere Zeiten vor ihrer Sektenzugehörigkeit erinnerte, kam das alte „Ich" mit all seiner Fröhlichkeit noch einmal zum Vorschein.

Bei uns war das etwas anders. Als wir der Organisation beitraten, waren wir bereits zweiunddreißig und vierzig Jahre alt. Unser eigenes Weltbild war schon relativ stark ausgeprägt, und das Gedankengut der Sekte hatte erst seit etwa drei Jahren Zugang zu unserem Bewußtsein, so daß unsere „Sektenidentität" noch viel öfter von unserer alten Persönlichkeit verdrängt wurde. Beim Verlassen der Organisation war das später ganz sicher hilfreich für uns.

Unterwegs von Tür zu Tür

Der sogenannte Predigtdienst war und ist das zentrale Thema in den Lehren der Wachtturm-Gesellschaft. Die erste Reaktion eines Neulings oder „Studierenden", wie sie sagen, ist meist: „Das mache ich nie! Die Lehren finde ich sehr interessant, aber ich würde nie von Tür zu Tür gehen!"

Auch wir haben damals genauso reagiert.

Aber noch vor unserer Taufe wurden wir auf den Text aus Hesekiel, Kapitel 3, aufmerksam gemacht. Hier bekommt der Prophet Hesekiel von Gott den Auftrag, das Volk Israel zu warnen. Wenn sie nicht umkehren zu Gott, würde er sie strafen. So heißt es dort in den Versen 17 bis 19:

> „Menschensohn, ich habe dich für das Haus Israel zum Wächter gegeben. Und hörst du ein Wort aus meinem Mund, so sollst du sie von mir verwarnen! Wenn ich zu dem Gottlosen spreche: ‚Du mußt sterben!' und du hast ihn nicht gewarnt und hast nicht geredet, um den Gottlosen vor seinem gottlosen Weg zu warnen, um ihn am Leben zu erhalten, dann wird er, der Gottlose, um seiner Schuld willen sterben, aber sein Blut werde ich von deiner Hand fordern. Du aber, wenn du den Gottlosen gewarnt hast und er ist von seiner Gottlosigkeit und von seinem gottlosen Weg nicht umgekehrt, dann wird *er* um seiner Schuld willen sterben, *du* aber hast deine Seele errettet."

Dieser Text wurde als eine „Vorschattung", eine Prophezeiung auf die heutige Zeit dargestellt. So wie Jehova damals Hesekiel als Propheten auserwählte, hatte er in der heutigen Zeit sein „auserwähltes Volk", nämlich uns Zeugen Jehovas, zu diesem „Wächterdienst" auserkoren. Selbstverständlich könne sich niemand vor dieser Aufgabe drücken, denn es war ja schließlich eine göttliche Forderung. Und so wie Hesekiel auf Widerstand im Volk Israel gestoßen war, würden auch bei unserem Dienst nur wenige Menschen auf uns hören. Und die Warnung, daß Gott das Blut der Gottlosen von uns zurückfordern würde, wenn wir sie nicht warnen würden, die könne man wirklich nicht übersehen.

Auf diese Weise wurde sämtlicher Widerwille in uns beseitigt, denn ungehorsam wollten wir Jehova gegenüber ganz bestimmt nicht sein. Wurde der Gedanke doch noch untermauert mit einem Ausspruch des Apostel Paulus aus der Apostelgeschichte 20, Verse 26 und 27:

„Deshalb bezeuge ich euch am heutigen Tag, daß ich rein bin vom Blut aller; denn ich habe nicht zurückgehalten, euch den ganzen Ratschluß Gottes zu verkündigen.“

Hätten wir uns damals ein bißchen besser in der Bibel ausgekannt, wären wir vielleicht durch den Text aus dem Hebräerbrief, Kapitel 1, Vers 1, nachdenklich geworden, dort heißt es nämlich:

„Nachdem Gott vielfältig und auf vielerlei Weise ehemals zu den Vätern geredet hat in den Propheten, hat er am Ende dieser Tage zu uns geredet im Sohn, den er zum Erben aller Dinge eingesetzt hat ...“

Mit anderen Worten: Durch seinen Sohn richtet Gott den letzten Appell an die Menschen, so daß das Auftreten weiterer Propheten und deren „Neuoffenbarungen“ gar nicht schriftgemäß sein können. Auch die ersten Apostel waren keine neuen Propheten, sondern ihre Aufgabe war es, die Menschen noch einmal auf das „letzte Handeln Gottes“, nämlich auf den Tod Christi und die damit verbundene Rettung für uns Menschen hinzuweisen.

Würden Zeugen Jehovas sich nach der Lehre der Apostel ausrichten, würden sie sich auch „Zeugen Jesu“ nennen, wie Christus selbst es in Apostelgeschichte 1, Vers 8, vorhergesagt hat:

„Aber ihr werdet Kraft empfangen, wenn der Heilige Geist auf euch gekommen ist; und ihr werdet *meine* Zeugen sein ...“ (Siehe auch Apostelgeschichte 4,33; 5,32; 13,31).

Der Ausspruch Gottes: „Ihr sollt meine Zeugen sein“, auf den sich die Wachtturm-Gesellschaft in ihrer Namengebung beruft, kommt aus dem Alten Testament (Jesaja 43, Vers 10) und ist ausschließlich an das damalige Volk Israel gerichtet. Damals rief Gott alle Völker auf, die Macht ihrer eigenen Götter zu bezeugen, und den Israeliten gebot er: „Ihr sollt *meine* Zeugen sein. Ich bin Jehova und außer mir gibt es keinen Retter.“

Zur Zeit des Alten Testaments gab es für die Menschen keine andere Rettung als die Hinwendung zum Gott der Israeliten. Erst

Jesus Christus schloß einen neuen Bund mit allen Gläubigen und eröffnete ihnen durch seinen eigenen Tod einen neuen Rettungsweg. So konnte der Apostel Petrus, erfüllt vom Heiligen Geist, vor den Schriftgelehrten in bezug auf Jesus Christus bezeugen:

> „Und es ist in keinem anderen das Heil; denn auch kein anderer Name (nämlich Jesus Christus, die Autorin) unter dem Himmel ist den Menschen gegeben, in dem wir errettet werden müssen." (Apostelgeschichte 4, Vers 12)

Würden die Zeugen Jehovas diese Glaubensaussage des Petrus ernst nehmen, müßten sie *alle* Menschen, die sich in ihrem Glauben auf Christus berufen, als gleichwertige Glaubensgeschwister anerkennen, das aber ist nicht der Fall!

Für Christen kann nur Jesus selbst der Mittelpunkt ihres Glaubenslebens sein, denn er allein ist der einzige Mittler zwischen Gott und den Menschen. Schon durch ihre Namengebung haben die Zeugen Jehovas ihn aus seiner Mittlerrolle verdrängt. Indem sie behaupten, daß der Mensch allein im Namen Jehovas errettet werden kann, fallen sie zurück in die alttestamentliche Zeit und schließen sich selbst aus der Rettungsvorkehrung Gottes aus.

All diese Gedankengänge kamen in den Argumentationen der Wachtturm-Gesellschaft natürlich nicht vor. So brachten sie auch uns dazu, diesen „Dienst für Jehova" aufzunehmen. Die ersten Male gingen wir gemeinsam mit einem „erfahrenen Verkündiger", um zu beobachten, wie er die Menschen an den Haustüren ansprach. Anfangs hatten wir zwar Herzklopfen dabei, aber mit der Zeit wurde der Dienst zu einer selbstverständlichen Tätigkeit.

Ich hatte mir überlegt, wieviel Vertreter schon an meiner Tür gestanden hatten, um mir ihre Artikel anzupreisen. Wenn sie den Mut dazu aufbrachten, dann konnte ich das auch, zumal unsere Botschaft ja lebensrettend für die Menschen war. Nach und nach bekamen wir das Gefühl, zu einer christlichen Elite zu gehören, die unsere gesamte Menschheit vor der Vernichtung durch Jehova warnen sollte. Wenn man uns mit spöttischen Blicken oder Reden begegnete, dann dachten wir daran, daß es Noah beim Bau der Arche ähnlich ergangen war. Damals war Gottes Gericht durch die

Sintflut über die Menschen hereingebrochen. Aus Gehorsam gegenüber Gott hatte Noah angefangen, auf völlig trockenem Land ein riesiges Schiff zu bauen und seine Mitmenschen immer wieder vor der kommenden Flut zu warnen. Die damalige Menschheit hatte seinen Warnungen nicht geglaubt, und sicherlich hatte Noah den gleichen Spott geerntet, wie wir heute als Zeugen Jehovas. Wenn *er* das hatte ertragen können, dann konnten wir das auch, denn auch *wir* handelten ja im Auftrag Gottes.

In den Predigtdienstschulungen wurden wir immer wieder darauf hingewiesen, daß es ganz normal sei, wenn man bei der Verkündigung der „Königreichsbotschaft" auf Ablehnung stoßen würde. Als moralische Stütze wurden dann die Worte Jesu aus der Bergpredigt zitiert:

> „Glückselig seid ihr, wenn sie euch schmähen und verfolgen und alles Böse lügnerisch gegen euch reden werden um meinetwillen." (Matthäus 5, Vers 11)

Erst viel später fiel uns auf, daß man den folgenden Vers,

> „... denn euer Lohn ist groß in den Himmeln ..."

weggelassen hatte, weil er ja nach dem Glaubensverständnis der Wachtturm-Gesellschaft nur für die 144 000 Auserwählten galt, wir aber eine irdische Hoffnung hatten.

Wurden wir an den Haustüren manchmal barsch angefahren, erinnerten wir uns daran, daß es anderen Versammlungsmitgliedern auch schon so ergangen war. Das half, unser inneres Gleichgewicht wiederzufinden.

Ohne die Gemeinschaft mit Gleichgesinnten würde man diese Tätigkeit nicht lange durchhalten, denn im Predigtdienst erlebt man fast nur Niederlagen. Wir waren immer glücklich, wenn wir mit jemandem ein längeres Gespräch führen konnten, aber unser Ziel war natürlich, eine Person zu finden, mit der man ein „Heimbibelstudium" beginnen konnte.

Durch die gemeinsame Lektüre eines Wachtturm-Buches wurde in diesem Studium versucht, dem Interessierten die Lehren der

Organisation beizubringen, die für uns die absoluten biblischen Wahrheiten waren. Allerdings kam es in unserer Versammlung selten vor, daß jemand ein solches Studium beginnen konnte. Wir sind heute froh und dankbar, daß wir nie einen Menschen dazu gebracht haben, Zeuge Jehovas zu werden!

Ein weiterer, sehr wichtiger psychologischer Aspekt dieser Predigttätigkeit war die sich dadurch stärkende Glaubensüberzeugung des einzelnen. Sozialpsychologische Untersuchungen haben ergeben, daß die eigene Überzeugung durch nichts so sehr gestärkt wird wie durch den Versuch, andere Menschen für die eigene Meinung zu gewinnen. Gleichzeitig wird das Mitglied durch diese gemeinsame Tätigkeit noch enger an die Sekte gebunden.

Meistens stießen wir an den Türen aber auf Gleichgültigkeit: „Nein danke, wir sind alle evangelisch, das waren schon unsere Eltern und Großeltern, das wird schon richtig sein."

Mit diesen Aussagen wurde von den Menschen ganz ungewollt unsere Glaubensansicht bestätigt. „Was sind das für arme Leute, die wissen gar nicht, an was sie glauben. Wie gut haben wir es doch, daß wir unseren Glauben erklären können."

Wie viele überzeugte Christen haben wir später kennengelernt, aber aus unserer sechsjährigen Predigttätigkeit sind uns nur zwei Menschen in Erinnerung, von denen wir das Gefühl hatten, daß sie auch an die Bibel glaubten. Einer von diesen beiden, ein älterer Herr, unternahm sogar den Versuch, uns anhand von Bibelstellen seinen Glauben zu erklären. Dieser Mann ist uns nie wieder aus dem Sinn gegangen, und nach unserem Weggang von den Zeugen Jehovas haben wir ihn besucht, um ihm von unserem Gesinnungswandel zu berichten. Er hat sich damals mit uns aus vollem Herzen darüber gefreut.

Leider wird auch unter überzeugten Christen oft der Standpunkt vertreten, daß ein Gespräch mit den Zeugen Jehovas sinnlos sei. Dies ist ein tragischer Irrtum, durch den vielleicht so mancher unglückliche und suchende Zeuge am wahren Evangelium vorbeigeht. Wir können nur alle Christen ermuntern, mit den Zeugen Jehovas an der Haustür zu reden und ihren eigenen Glauben zu bezeugen. Selbst wenn Sie sich einem längeren Gespräch nicht gewachsen fühlen, berufen Sie sich auf die Verheißungen der

Schrift, beispielsweise auf die Aussage im Johannes-Evangelium, Kapitel 3, Vers 36:

> „Wer an den Sohn glaubt, hat ewiges Leben; wer aber dem Sohn nicht gehorcht, wird das Leben nicht sehen, sondern der Zorn Gottes bleibt auf ihm."

Je öfter ein Zeuge auf bibeltreue Menschen trifft, je größer ist seine Chance, zum Nachdenken zu kommen und die Organisation zu verlassen!

Während unseres „Predigtdienstes" hatten wir immer das Gefühl, etwas ganz Besonderes zu sein – Menschen, die einen göttlichen Auftrag erfüllten und dafür später einmal auf einer paradiesischen Erde leben durften. Wir waren fest davon überzeugt, daß Harmagedon, der große Gerichtstag Gottes, unmittelbar bevorstand. An diesem Tag würden alle Menschen, die nicht zum „Volk Jehovas" gehörten, von Gott erschlagen werden.

Im Alten Testament wurden viele Kriege beschrieben, die auf Jehovas Anordnung hin geführt wurden. Sie waren unser Beweis dafür, daß dieser Gott nicht nur ein liebender, sondern auch ein rächender Gott war. Wir aber, als seine Zeugen, würden dieses Gericht als einzige überleben, wenn wir weiterhin bereit waren, seinen Willen zu tun. Im Anschluß an diese Schlacht Gottes würde die Erde wieder in ein Paradies verwandelt werden, auf der wir dann in Frieden und Freude leben durften. Alle Tiere würden wieder friedlich sein, so daß wir uns dann vielleicht sogar Löwen oder Tiger als Hauskatze halten könnten. Da die meisten Menschen von Jehova erschlagen würden, könnten wir uns anschließend deren Häuser und Prachtvillen aussuchen, um darin zu leben.

Diese „Visionen" wurden durch die Wachtturm-Literatur ständig in uns wach gehalten. Immer wieder waren in den Büchern und Zeitschriften wunderschöne bunte Bilder abgedruckt, auf denen uns eine wirklich paradiesische Landschaft gezeigt wurde, in der glückliche Familien mit friedlichen Tieren zusammenlebten. Für solche Aussichten war man gerne bereit, Zeit, Geld und auch persönliche Interessen zu opfern.

Nach den Berechnungen des „treuen, verständigen Sklaven“ stand Harmagedon unmittelbar bevor, so daß wir in spätestens ein paar Jahren all die Dinge nachholen konnten, auf die wir im Moment verzichteten. Die Wachtturm-Gesellschaft hatte schon recht, wenn sie die Jugend dazu aufrief, keine zeitaufwendigen Ausbildungen mehr anzustreben, sondern die Zeit besser zum Predigen zu nutzen, um noch viele Menschen vor dieser drohenden Vernichtung zu retten, denn es gab ja außer uns niemanden, der sie davor warnen konnte. Wir hatten tatsächlich eine große Verantwortung für die gesamte Menschheit von Jehova auferlegt bekommen.

Hier wird deutlich, daß der Glaube der Zeugen Jehovas ein „logischer“ Glaube ist. Wer von uns hat nicht schon einmal davon geträumt, daß alle Flüsse wieder klares, reines Wasser hätten, und man vorbehaltlos aus ihnen trinken könnte; oder alle Tiere, selbst die Löwen und Bären, so zahm wären wie unsere Hunde und Hauskatzen; oder wie herrlich es sein müßte, wenn unsere Wiesen wieder voller Kräuter ständen und alle Nahrungsmittel wieder frei von Umweltschäden wären? Das alles sind Dinge, die wir uns vorstellen können und die uns wünschens- und erstrebenswert erscheinen.

Wie schwierig ist es dagegen, sich ein Leben im Himmel vorzustellen, wie die Bibel es verspricht. Dieser Gedanke sprengt unsere Vorstellungskraft, denn unser Denken ist einzig und allein auf das Irdische ausgerichtet. Nur im Glauben an die Zuverlässigkeit des Wortes Gottes kann uns die Aussicht auf ein himmlisches Leben zu einer inneren Gewißheit werden. Außerdem scheint dieses himmlische Paradies in weiter Ferne und wird unweigerlich mit dem Gedanken an unseren irdischen Tod verknüpft, den die meisten Menschen unbewußt weit von sich schieben. Das Leben auf der paradiesischen Erde hingegen stand uns, als Diener Jehovas, unmittelbar bevor. Die „paar Jahre“ bis zum Beginn des von uns heiß ersehnten Paradieses würden wir die Arbeit und den Streß, die unser Glaube mit sich brachte, noch ertragen können. Wir dürften dabei nur unsere „Belohnung“ nicht aus den Augen verlieren.

Wir hatten ja keine Ahnung, daß wir auf eine Vorgehensweise hereinfielen, die auch von vielen anderen Sekten angewandt wird, um ihre Mitglieder noch enger an die Gemeinschaft zu binden. Erstaunlich viele Gruppen leben in dem Bewußtsein, die einzig wahre Heils- und Rettungsbotschaft für die Welt zu besitzen. Allerdings weisen diese Botschaften erhebliche Unterschiede auf.

Da das einzelne Mitglied davon überzeugt ist, daß nur seine Gruppe die wahre Lösung für die Probleme der Menschheit hat, fällt es ihm ungeheuer schwer, die Sekte wieder zu verlassen. So nimmt er Zweifel, persönliche Schwierigkeiten und Unterdrükkung (falls sie ihm bewußt wird) in Kauf, denn sein ewiges Heil will er auf keinen Fall verlieren.

Eine peinliche Diskussion an einer fremden Haustür

Wieder einmal war ich mit einer älteren Zeugin im Dienst. Auf unser Läuten an der Haustür öffnete uns ein älterer Herr. Nachdem wir den Grund unseres Kommens erklärt und ihm eine Zeitschrift angeboten hatten, antwortete er uns: „Wissen Sie eigentlich, daß Ihre Bibel nicht richtig übersetzt ist? Sie haben den Namen ‚Jehova' ins Neue Testament übernommen, obwohl er in den griechischen Urschriften nicht verwandt wird. In ihnen ist nur der Name ‚Kyrios' zu finden, während ‚Jehova' nur im Alten Testament steht."

Meine Mitschwester wußte sofort eine Antwort: „Unsere Bibel ist eine der genauesten Übersetzungen überhaupt. Und wenn der Name ‚Jehova' in Ihrer Luther-Bibel nicht zu finden ist, dann ist das ein Zeichen dafür, daß auch Luther den Namen Gottes nicht so geehrt hat, wie er es eigentlich hätte tun sollen."

Die Argumente sprudelten nur so aus ihr heraus, ich aber war nachdenklich geworden. Ich erinnerte mich plötzlich an die Broschüre „Der Göttliche Name, der für immer bleiben wird", die von der Wachtturm-Gesellschaft erst vor einigen Wochen veröffentlicht worden war und in der die Meinung unseres Gesprächspartners bestätigt wurde. So unterbrach ich meine Partnerin und erklärte: „Der Herr hat recht!"

Sehr schnell beendete sie daraufhin das Gespräch, und als wir wieder auf der Straße waren, stellte sie mich sofort zur Rede: „Wie kannst du so etwas sagen? Der Name Gottes steht 237 Mal im Neuen Testament, das ist ganz sicher, da gehört er nämlich hin!"

Sie war sehr aufgebracht darüber, daß eine junge Schwester es gewagt hatte, eine seit 25 Jahren aktive Zeugin zu korrigieren – und das obendrein noch im Beisein von einem „Ungläubigen".

Sehr ruhig und freundlich wies ich auf die Broschüre hin. „Aber genau in dieser Broschüre wird doch seitenlang erklärt, daß der Name ‚Jehova' auch ins Neue Testament gehört!"

Ja, sie hatte schon recht, auf insgesamt 31 Seiten waren sämtliche Argumente zusammengetragen, die dafür sprachen, daß der „göttliche Name" auch ins Neue Testament gehörte, aber ein kleiner Abschnitt auf der Seite 23 war meiner Glaubensschwester bei der Lektüre wohl entgangen. Ich konnte das gut verstehen, denn auch meinem Mann und mir war die Bedeutung dieses Abschnittes erst nach mehrmaligem Lesen völlig klar geworden. Dort hieß es nämlich:

> „Mit den Christlich Griechischen Schriften, dem ‚Neuen Testament', verhält es sich anders. Handschriften der Offenbarung (des letzten Buches der Bibel) enthalten den Namen Gottes in seiner Kurzform ‚Jah' (in dem Wort ‚Halleluja'). Doch abgesehen davon, enthält keine alte griechische Handschrift, die wir heute von den Büchern Matthäus bis Offenbarung besitzen, den vollständigen Namen Gottes. Bedeutet das, daß der Name dort nicht stehen sollte? Das wäre überraschend, da die Nachfolger Jesu ja die Wichtigkeit des Namens Gottes anerkannten und Jesus uns lehrte, um die Heiligung des Namens Gottes zu beten. Was geschah also?"

Konnte man das anders verstehen, als daß der Name „Jehova" in den alten griechischen Handschriften *nicht* vorkam? Die nachfolgenden Erklärungen in der Broschüre liefen darauf hinaus, daß die heute noch vorhandenen Abschriften ja keine Originale mehr seien, sondern schon mehrmals abgeschrieben worden waren. So wurde auf der Seite 24, im zweiten Absatz, folgendermaßen argumentiert:

> „Das legt folgende Möglichkeit nahe: Ist mit dem Text der Christlichen Griechischen Schriften *vor* dem 4. Jahrhundert irgend etwas geschehen, was zur Weglassung des Namens Gottes geführt hat? Die Tatsachen sprechen dafür."

Weil ja „nicht sein konnte, was (nach Meinung der Wachtturm-Gesellschaft) nicht sein durfte", scheute man sich nicht, sogar die Glaubwürdigkeit der Heiligen Schrift in Frage zu stellen, von der man sonst eigentlich felsenfest überzeugt war.

Die Schwester versprach, diesen Abschnitt noch einmal nachzulesen. „Außerdem können wir doch heute abend in der Versammlung den Bruder H. fragen. Wie gut, daß wir gerade Bezirksaufseherwoche haben!"

Das war eine gute Idee von ihr, schließlich war auch ich durch das Gelesene verunsichert, denn bisher war in allen Publikationen der Gesellschaft immer zu lesen gewesen, daß der Name Gottes ins Neue Testament gehöre.

Unser Bezirksaufseher sah uns völlig entgeistert an, als wir ihm abends die Frage stellten, ob der Name „Jehova" in den griechischen Handschriften des Neuen Testaments stehe: „Natürlich steht er da drin, das solltet ihr aber inzwischen wissen!"

Wir berichteten von unserem Gespräch vom Vormittag, und als ich ihn dann auf den Inhalt der Broschüre aufmerksam machte, wußte er nicht so recht, was er sagen sollte, und brach das Gespräch schnell ab.

„Siehst du wohl, das habe ich dir doch gleich gesagt", meinte meine Mitschwester triumphierend – mir hatte man den „Schwarzen Peter" zugeschoben.

„Ich glaube, die wollen mich für dumm verkaufen, ich weiß doch, was ich gelesen habe!" Furchtbar aufgebracht über die arrogante Art, mit der unser Aufseher mich abgekanzelt hatte, lud ich bei meinem Mann erst einmal meinen ganzen Frust ab. Auch er war nachdenklich geworden und schlug vor: „Ich werde zur

Gesellschaft schreiben und um eine Erklärung bitten. Jetzt will ich genau wissen, was richtig oder falsch ist."

In den Schriften wurden wir immer wieder ermuntert, bei Unklarheiten die Hilfe der leitenden Brüder in Selters an der Lahn, dem Zweigbüro der Zeugen Jehovas hier in Deutschland, in Anspruch zu nehmen.

„Meinst du, der Bezirksaufseher sagt etwas anderes als die Gesellschaft?" Das wagte ich zu bezweifeln, denn so ein Aufseher war ja schließlich von der „leitenden Körperschaft" eingesetzt worden und hatte schon eine gewisse Autorität.

Die Bezirks- und Kreisaufseher waren „Brüder im Vollzeitdienst", die durch die Gesellschaft krankenversichert und mit einem geringen Betrag finanziell unterstützt wurden. Da sie ständig auf Reisen waren, diente ihnen meistens ein Zimmer in einem Kreiskongreßgebäude als Wohnung. Sie lebten sehr bescheiden und waren auf die Hilfe der einzelnen Versammlungsmitglieder angewiesen. Ihre Aufgabe bestand darin, die Versammlungen ihres Kreises bzw. Bezirkes zu besuchen, die Mitglieder zu ermutigen und mit ihnen in den Dienst zu gehen. Auch die Planung und Vorbereitung der Kongresse lag in ihren Händen. Daß sie aber in der Hauptsache eine Kontrollfunktion ausübten, wurde uns erst viel später bewußt. Sie kontrollierten die „Dienstzeiten" der Mitglieder und wurden von den Ältesten über alle „Problemfälle" in der Versammlung informiert. Untätige Mitglieder wurden von ihnen besucht und zur Rede gestellt.

So schrieb mein Mann nach Selters bei Limburg und wies auf die Ausführungen in der Broschüre hin. Er erklärte auch, daß wir sie als einen gewissen Widerspruch zu den übrigen Publikationen der Gesellschaft empfanden.

Als wir nach einigen Wochen das Antwortschreiben in den Händen hielten, konnten wir kaum fassen, was wir dort lasen. Mit keiner Silbe wurde auf die Ausführungen der Broschüre eingegangen, sondern man verwies uns auf mehrere ältere Wachtturmartikel, die alle besagten, daß der Name Gottes zu Recht in den griechischen Schriften stand.

Erste Zweifel

Plötzlich war unser Mißtrauen geweckt, irgend etwas stimmte hier nicht! Wieso bekamen wir auf unsere Frage keine konkrete Antwort? Hatte die Gesellschaft uns vielleicht jahrelang etwas Falsches beigebracht?

Wir fanden keine Antwort auf diese Fragen. Auch das anschließende Gespräch mit einem Versammlungsältesten verlief ebenso unbefriedigend. Der Stachel des Zweifels setzte sich tief in uns fest und sollte uns von nun an nie wieder verlassen.

Vorerst aber lebten wir unser gewohntes Leben, wir besuchten jede Versammlung, gingen regelmäßig in den Dienst und studierten zu Hause gewissenhaft die angegebenen Artikel. Unser Leben war wie ein Marathonlauf, bei dem wir aber dem Ziel nicht näherkamen.

In unserer Predigttätigkeit an den Haustüren waren wir durch die laufenden Schulungen immer sicherer geworden. Wir achteten darauf, das Gespräch von Anfang an in eine bestimmte Richtung zu lenken. So fiel es uns erheblich leichter, thematische Fragen sofort zu beantworten.

Deutlich wurde uns bei diesem Vorgehen jedoch: Die Themen, die in den Publikationen der Wachtturm-Gesellschaft behandelt wurden, wiederholten sich ständig. Mein Mann beklagte sich oft darüber: „Die Bibel ist so ein umfangreiches Buch, da müssen doch noch andere Themen zu finden sein als immer nur diese Gerichtsbotschaften. Manchmal kann ich das einfach nicht mehr hören, wie schlecht die Welt ist und wie gut es uns im Volke Gottes geht."

Ich verstand ihn gut, auch ich konnte diese „Schwarzweißmalerei" manchmal nicht mehr ertragen. Gerade unlängst waren wir im Buchstudium wieder über so einen Artikel gestolpert. Zusammen mit einigen anderen Familien studierten wir das Buch: „Du kannst für immer im Paradies auf Erden leben."

Auf den Seiten 152 und 153 waren Texte aus dem 2. Timotheusbrief aufgeführt und zu jedem Vers ein entsprechendes Bild abgedruckt worden. Der Text: „Die mehr Vergnügen lieben als Gott" (2. Timotheus 3:4) wurde folgendermaßen kommentiert:

„Die meisten Menschen denken heute nur an ihr eigenes Vergnügen und nicht daran, was Gott wohlgefällt. Viele lieben gerade das, was Gott verurteilt, wie zum Beispiel Hurerei, Ehebruch, Trunkenheit, Drogenmißbrauch und andere sogenannte Vergnügungen. Selbst Vergnügungen, die an sich ganz in Ordnung sein können, werden für wichtiger angesehen als das Bemühen, Gott kennenzulernen und ihm zu dienen."

Als Veranschaulichung dazu diente das Bild einer jungen, in einer Diskothek tanzenden Frau.

War es richtig, so ein Pauschalurteil über alle Menschen zu fällen? Lebten wirklich die *meisten* so? Die meisten *unserer* Bekannten waren damit beschäftigt, in harter Arbeit ihren Lebensunterhalt zu sichern (nur in wenigen Fällen konnte man diesen als luxuriös bezeichnen) und ihre Kinder zu ordentlichen Menschen zu erziehen. Und die jungen Leute, die in der dargestellten, aufreizenden Weise das Nachtleben genossen, waren unserer Meinung nach auch nur eine Minderheit.

Natürlich waren die ethisch-moralischen Wertmaßstäbe nicht mehr so hoch wie früher, was wir grundsätzlich bedauerlich fanden. Aber trotzdem waren wir der Meinung, daß nicht die *meisten* Menschen so wie dargestellt lebten.

Und der letzte Satz, der von den Vergnügungen sprach, „die an sich ganz in Ordnung sein können", war er nicht ein indirekter Hinweis darauf, daß es besser wäre, auf sämtliche Vergnügungen zu verzichten?

Im nächsten Abschnitt wurde es noch schwieriger.

„Die eine Form der Gottergebenheit haben, sich aber hinsichtlich deren Kraft als falsch erweisen." (2. Timotheus 3:5).

Veranschaulicht wurde der Vers durch das Bild eines Ehepaars, das in der Kirche hingebungsvoll sang. Gleich darunter wurde das selbe Ehepaar in einem erbitterten Streit dargestellt.

Zu dem Zeitpunkt waren auch wir noch davon überzeugt, daß alle Kirchenchristen einen falschen Glauben hatten und die Gebote Gottes nicht so ernst nahmen wie wir. Aber deshalb hatten wir doch nicht das Recht, sie so zu diskriminieren, wie es auf diesem Bild geschah. Auch das abgebildete Ehepaar nahm seinen Glauben sicherlich ernst, denn sonst würde es wohl nicht in die Kirche gehen. Daß dieser Glaube in unseren Augen falsch war, gab uns aber noch lange nicht das Recht, diese Menschen mit solch pauschalen Darstellungen zu verurteilen. War es richtig, nur die Fehler der *anderen* Menschen zu sehen und die eigenen zu kaschieren? Hatte Jesus selbst uns nicht davor gewarnt, nach dem Splitter im Auge des Bruders zu sehen und darüber den Balken im eigenen Auge zu vergessen? (Matthäus 7, Vers 3)

Es war uns nicht entgangen, daß es auch in unseren Reihen Heuchelei gab, und Streit und Zwistigkeiten waren in so mancher Ehe von Zeugen Jehovas auch vorhanden. Uns war schon längst aufgefallen, daß es nicht in allen Familien so friedlich zuging, wie es im „Wachtturm" immer dargestellt wurde.

Natürlich brachten wir unsere Meinung während unseres Studiums zum Ausdruck, aber unsere Geschwister sahen uns nur verständnislos an. Wie konnte man für die Handlungsweise von „Ungläubigen" Partei ergreifen? Ihnen schien diese einseitige Darstellung nichts auszumachen.

Wir fragten uns, wieso wir die einzigen waren, die an solch drastischen Gegenüberstellungen Anstoß nahmen. Wir selbst hatten auch vor unserer Zeit mit den Zeugen Jehovas eine gute Ehe geführt, und unsere sittlichen Wertvorstellungen hatten sich seither kaum verändert. Außerdem wußten wir, daß die meisten Menschen aus unserem früheren Bekanntenkreis ebenfalls danach strebten, ein harmonisches Leben zu führen.

Welch raffinierte Methodik hinter solchen Bild-Text-Kombinationen steckt, erkannten wir erst viel später. Auf Grund einer Unzahl solcher Beispiele wurde uns suggeriert, daß die Außenwelt alles Schlechte, die Organisation Jehovas aber alles Gute verkörperte. Es diente dazu, uns fester an die Sekte zu binden und uns von der Außenwelt mehr und mehr zu isolieren.

Wie wirkungsvoll diese Methode war, das bewiesen die Reaktionen unserer damaligen Geschwister. Da sie schon viele Jahre länger unter dem Einfluß der Wachtturm-Gesellschaft standen als wir, hatten sie den Blick für die Realität verloren und ihr eigenes kritisches Denken aufgegeben. Sie konnten es sich tatsächlich nicht mehr vorstellen, daß auch andere Menschen ausgeprägte moralische Wertmaßstäbe besaßen und danach lebten.

Absoluter Gehorsam gegenüber der Wachtturm-Gesellschaft

Uns machten solche Erfahrungen immer kritischer. Wir störten uns daran, daß versucht wurde, durch unzählige Verordnungen das Verhalten der Mitglieder, selbst in deren ganz persönlichen Lebensbereichen, zu beeinflussen.

So wurde das Grüßen der Landesflagge als „Götzendienst" bezeichnet, die Teilnahme an Gottesdiensten oder anderen kirchlichen Feiern war „Geistige Hurerei".

Weil Jesus in Johannes 17, Vers 16, erklärt, daß sowohl er selbst als auch seine Jünger „kein Teil der Welt" seien (Übersetzung der Wachtturm-Bibel), durften auch wir nicht teilhaben an den Dingen der Welt. Deshalb wurde die Teilnahme an politischen Wahlen als „Vermischung mit der Welt" bezeichnet, das galt auch für die Kinder bei der Wahl von Klassensprechern in der Schule.

Anderen Zeugen Jehovas geht es wohl ähnlich wie uns: Wir hatten keine Ahnung, daß der Sinn des Textes aus Johannes 17 durch eine fragwürdige Übersetzung verdreht worden war. So heißt es zum Beispiel in der Elberfelder Bibel, die allgemein anerkannt ist für ihre textgetreue Wiedergabe:

> „Sie sind nicht von der Welt, wie ich nicht von der Welt bin."

In diesem Auszug aus dem Gebet Jesu geht es nicht darum, daß man keinerlei Kontakt mit dem sozialen Umfeld haben sollte – das wäre praktisch ja auch überhaupt nicht möglich. Nein, Jesus stellt hier fest, daß seine Jünger im geistlichen Sinn gar nicht mehr „von der Welt" *sind.* Durch ihre Hinwendung zu Christus *haben* sie sich geistlich bereits von dieser Welt getrennt, obwohl sie weiterhin in ihr leben.

Bei dem Verbot, an politischen Wahlen teilzunehmen, wurde die Aussage aus Römer 13, Vers 1-8, nicht berücksichtigt. Hier werden die Christen von Paulus ermahnt, sich

> „den übergeordneten (staatlichen) Mächten zu unterwerfen; denn es ist keine (staatliche) Macht außer von Gott, und die bestehenden sind von Gott verordnet."

Konnte man aus diesem Text nicht sogar schließen, daß es zur Pflicht eines Christen gehört, die politische Macht, wenn sie den Gesetzen Gottes nicht widerspricht, zu unterstützen? Auch Politiker treffen ihre Entscheidungen auf Grund ihres persönlichen Gewissens. So kann es für unsere Gesellschaftsordnung nur zum Vorteil sein, wenn unser Land auch von Menschen regiert wird, die sich von ihrem christlich ausgeprägten Gewissen leiten lassen.

Wie negativ würde es sich auf unser freiheitlich-demokratisches System auswirken, wenn in der Politik jegliche christliche Normen fehlen würden. Genau das wäre der Fall, wenn alle Christen den obigen Vers so einseitig und absolut auslegen würden wie die Zeugen Jehovas.

Klassenfahrten für Kinder wurden als „schlechter Umgang" bezeichnet, und die Teilnahme an Jugendkreisen war „vergeudete Zeit".

Geburtstagsfeiern zählten zum Bereich „Menschenverehrung", an der man unter gar keinen Umständen teilhaben sollte. Weihnachten und Ostern waren „heidnisches Brauchtum", das Arbeiten im militärischen Bereich, auch als Zivilperson, wurde als „Aufgabe der Neutralität" angesehen.

Das Lesen von anderen religiösen Schriften war „Verschmutzung der Sinne", das galt in besonderem Maße für Schriften von ehemaligen Zeugen Jehovas.

Zahlreiche Handlungen wurden als besonders verwerflich angesehen und führten unweigerlich zum Ausschluß aus der Organisation:

- Rauchen, weil es eine „Schädigung des Körpers“ war;
- die Zustimmung zu einer ärztlich verordneten Bluttransfusion, weil sie angeblich gegen ein göttliches Verbot verstieß;
- Ausbildung zum Wehrdienst, weil man dadurch seine Neutralität aufgab und eine Ausbildung zum Töten erhielt;
- das Anzweifeln der Aussagen des „treuen, verständigen Sklaven“, was als „Rebellion gegen Gott“ bezeichnet wurde.

Diese Ausführungen sind längst nicht vollständig. Der Psychologe Dr. Jerry Bergman, der in den USA als der führende Experte in Fragen zur Psychologie der Zeugen Jehovas gilt, kommt in seiner in Deutschland erschienenen Broschüre „Jehovas Zeugen und das Problem der seelischen Gesundheit“ bei der Aufzählung von Verboten auf eine Liste mit zweiundsechzig Punkten.

Dieses vorgegebene Verhaltensmuster wird von den Mitgliedern als Moralkodex übernommen und führt zu einer gegenseitigen Kontrolle und Bespitzelung. Jede gravierende Abweichung des einzelnen wird der Versammlungsleitung gemeldet, und man wird vor das Ältesten-Komitee zitiert. Zu einem Vertrauensverhältnis kommt es unter diesem Tugendterror kaum, deshalb gibt es nur sehr selten echte Freundschaften unter den Mitgliedern.

Den blinden Gehorsam gegenüber den Anordnungen der Wachtturm-Gesellschaft übertragen die Mitglieder auf alle Lebensbereiche – selbst wenn der Wachtturm beschreibt, welche sexuellen Praktiken den Eheleuten erlaubt sind und welche nicht.

Raymond Franz, selbst neun Jahre lang Mitglied in der „leitenden Körperschaft“ in New York, hat mit seinem Buch „Der Gewissenskonflikt“ zu diesem Thema eine einzigartige Dokumentation veröffentlicht. Nur seine Stellung im höchsten Gremium der Organisation hat es ihm ermöglicht, alle Darstellungen mit ansonsten unzugänglichen Schriftzeugnissen der Gesellschaft zu belegen.

Beim Lesen eines Buches über Sekten-Psychologie machten wir uns im nachhinein noch einmal Gedanken über die geistige Beeinflussung, der wir damals ausgesetzt waren. Wieso hatten wir vieles mitgemacht, was gegen unsere eigene Überzeugung gewesen war? Waren nicht auch wir auf ganz massive Art und Weise psychisch manipuliert worden? Wie anders sollte man die Handlungsweise der Wachtturm-Gesellschaft sonst bezeichnen, die ständig versuchte, die persönliche Meinung und das Gewissen des einzelnen zu untergraben?

Konnte es in Gottes Sinn gewesen sein, daß wir so konditioniert wurden, daß wir uns, oft gegen die Stimme unseres eigenen Gewissens, bedingungslos den Anordnungen der Gesellschaft unterworfen hatten?

War das ganze System nicht zu vergleichen mit gesellschaftspolitischen Diktaturen, nur auf religiöser Ebene?

Ein Beispiel dafür, daß von allen Zeugen absoluter Gehorsam gefordert wurde, war eine neue Verordnung, die vorschrieb, daß ab sofort kein Bruder mit Bart auf der Bühne stehen dürfe. Mein Mann trug schon seit über zehn Jahren einen Vollbart. Irgendwann hatte er beschlossen: „Dieser Bart bleibt dran, bis ich sterbe!"

Nun kam diese Verordnung heraus, und für ihn stand sofort fest: „Das kommt für mich überhaupt nicht in Frage! Was hat mein Aussehen mit meinem Glauben zu tun? Wenn Jehova mein ewiges Leben davon abhängig macht, ob ich einen Bart trage oder nicht, dann habe ich den falschen Glauben."

Ein anderer Bruder in unserer Versammlung, der ebenfalls Bartträger war, erschien in der nächsten Zusammenkunft völlig glatt rasiert, so daß alle Versammlungsmitglieder in ein erstauntes „Aah!" ausbrachen.

Mein Mann aber trug weiterhin seinen Vollbart.

Bei den Wachtturmstudien war es üblich, daß ein Bruder vorn auf der Bühne saß und von dort die einzelnen Abschnitte des Studienartikels vorlas. Ab sofort wurde dieses „Vorrecht" für meinen Mann gestrichen. Auch eine kurze Bibelauslegung, die während der Dienstzusammenkunft immer abgehalten wurde, durfte er als Bartträger nicht mehr halten.

Auf dem Kongreß, der kurze Zeit darauf stattfand, waren nur noch glattrasierte Männergesichter zu sehen. Während einer Pause standen wir mit einem Bruder aus unserer Versammlung und mit Geschwistern aus einem andern Ort zusammen. Während des Gespräches, aus dem wohl zu entnehmen war, daß wir auch Zeugen Jehovas waren, wurde unser Mitbruder von dem Gesprächspartner verblüfft gefragt: „Ach, ist dies auch ein Bruder?"

Bis dahin hatte er uns wahrscheinlich für interessierte Gäste gehalten, denn ein Zeuge Jehovas mit Bart war für ihn einfach undenkbar geworden – bereits nach wenigen Wochen der Umstellung.

Wohl fragten sich viele Männer, worin der Sinn dieser Anordnung bestand, denn fast alle Männergesichter in den Publikationen der Gesellschaft wurden weiterhin mit Bart dargestellt; aber kaum jemand hatte den Mut, sich der Anordnung der Wachtturm-Gesellschaft zu widersetzen. (Einige Jahre später wurde das Bart-Verbot wieder aufgehoben und das Barttragen war wieder erlaubt.)

Die Blutfrage

Die Bartauseinandersetzung könnte man noch als Nebensächlichkeit bezeichnen. Ganz anders aber sieht es aus, wenn ein Erlaß erscheint, der die medizinische Behandlung mit Blut oder Blutprodukten untersagt. Wir finden sowohl im Alten als auch im Neuen Testament die Anweisung:

> „Enthaltet euch des Blutes."
> (1. Mose 9, Vers 4; Apostelgeschichte 15, Vers 20; 21, Vers 25)

Über die genaue Bedeutung dieser Texte gibt es unterschiedliche Ansichten. Die meisten Ausleger sind aber der Ansicht, daß es sich hier hauptsächlich um ein Verbot des Trinkens von Blut handelt. In der Zeitepoche des Ur-Christentums wurde dieses Ritual in mystisch orientierten Sekten praktiziert.

Eine Bluttransfusion war damals überhaupt noch nicht bekannt. Aus medizinischer Sicht wäre zu sagen, daß es allgemein bekannt ist, daß durch Blutübertragungen eine Hepatitis ausgelöst werden kann. Außer der Tatsache, daß auch Fälle bekanntgeworden sind, in denen Aids dadurch übertragen wurde, gibt es sicherlich noch andere Aspekte zu bedenken. Dieses Wissen sollte jeden Menschen veranlassen, das Für und Wider einer Bluttransfusion genau abzuwägen, bevor er eine Entscheidung trifft. Und genau diese persönliche Entscheidungsfreiheit wird den Mitgliedern von der Wachtturm-Gesellschaft verweigert! Besonders tragisch sind die Situationen, in denen ein Kind betroffen ist. Den Eltern wird hier eine grausige Entscheidung aufgezwungen.

Entweder sind sie Jehova gehorsam (sie sind ja überzeugt davon, daß die Anweisungen der Gesellschaft dem Willen Gottes entsprechen) und verweigern das Blut, was in einigen Fällen zur Folge haben kann, daß ihr Kind stirbt; oder sie erlauben eine Bluttransfusion. Dann werden sie wegen Ungehorsams ausgeschlossen, was nach ihrem Glaubensverständnis bedeutet, daß sie und ihr Kind das ewige Leben verlieren.

Diese Entscheidung ist für jedes Elternpaar eine seelische Qual! Noch ungeheuerlicher erscheint diese Forderung allerdings, wenn man weiß, daß die „leitende Körperschaft“ von der Richtigkeit dieser Anordnung schon längst nicht mehr überzeugt ist und sie nur deshalb nicht aufhebt, um eventuell entstehende Unruhen unter den Mitgliedern zu vermeiden. Alle Zeugen, die wegen dieses Verbotes einen Angehörigen verloren haben, würden doch das Gefühl bekommen, daß sie einen lieben Menschen ganz umsonst geopfert haben. (Nach Dr. Jerry Bergman, „Jehovas Zeugen und das Problem der seelischen Gesundheit“, Seite 71, Abs. 2.)

Der Wehrdienst

Ebenso verhält es sich mit dem Verbot, den Wehrdienst zu leisten. Selbst der Zivildienst war bis Mitte 1996 den Wehrpflichtigen nicht gestattet, da er als „stillschweigende Anerkennung der Verpflichtungen gegenüber der Kriegsmaschinerie des Cäsars" gedeutet wurde und „wahre Christen" das Militär weder direkt noch indirekt unterstützen dürfen. Die jungen Männer konnten sich gar nicht anders entscheiden, als beide Dienste zu verweigern, denn wer sich dafür entschied, wurde aus der Gemeinschaft ausgeschlossen und hatte damit sein ewiges Leben verloren.

Dafür sind in Deutschland Zeugen Jehovas verurteilt worden, in manchen Ländern mußten sie es sogar mit dem Leben bezahlen. Nun ist diese Lehrmeinung geändert worden – für manchen Zeugen Jehovas zu spät.

Auch unser eigener Sohn hat später, als überzeugter Christ, den Wehrdienst verweigert und Zivildienst geleistet. Allerdings war das seine ureigene, persönliche Gewissensentscheidung, und wir, als Eltern, haben uns ganz bewußt davor zurückgehalten, seine Entscheidung in dieser Frage zu beeinflussen.

Wir leben in einem Staat, der die freiheitliche Gewissensentscheidung für oder gegen den Wehrdienst gesetzlich verankert hat. Es sollte uns zu denken geben, wenn eine Religionsgemeinschaft ihren jungen Männern gerade diese Gewissensfreiheit bis in jüngste Zeit verweigert hat!

Der Druck nimmt zu

Würden die Methoden, mit denen die Wachtturm-Gesellschaft geleitet wird, unter den Mitgliedern allgemein bekannt werden, wäre wohl mit einer große Anzahl von Austritten zu rechnen. Um dies zu verhindern, wird versucht, Negativinformationen über die innere Struktur der Gesellschaft von den Mitgliedern fernzuhalten. Da gerade ehemalige Zeugen Jehovas viele Mißstände der Organisation aufdecken, werden sie in den Veröffentlichungen der „leitenden Körperschaft" geradezu verketzert. Kein Zeuge darf einen Ehemaligen grüßen, und für deren Literatur besteht ein absolutes Leseverbot. Den aktiven Mitgliedern wird mitgeteilt, daß der Satan besonders Ausgeschlossene dazu benutzt, um

„loyale Diener Jehovas von der wahren Anbetung abzubringen". Aus diesem Grunde werden Dokumentationen wie die von Raymond Franz nur von sehr wenigen Zeugen Jehovas gelesen.

Nach der Veröffentlichung seines Buches „Der Gewissenskonflikt" wurden alle Versammlungsälteste durch einen Rundbrief aufgefordert, in ihren Versammlungen Besitzer des Buches herauszufinden und namentlich an das Zweigbüro in Selters zu melden. Außerdem wurden sie angehalten, „ernste und eindringliche Gespräche" mit diesen Brüdern zu führen und sie aufzufordern, die „Literatur der Abgefallenen" zu vernichten. (Brief an die Ältestenschaft vom 25. Oktober 1990).

In den Publikationen der Gesellschaft werden grundsätzlich nur positive Informationen über das „Volk Jehovas" weitergegeben. Die meisten Mitglieder sind überzeugt, daß die Leitung ihrer Gesellschaft in den Händen von Männern liegt, die in besonderer Weise vom Geist Gottes geleitet werden. Nur sehr wenige Mitarbeiter in der Weltzentrale in Brooklyn ahnen, mit welchen Methoden tatsächlich die einzelnen Entscheidungen gefällt werden und wie oft dieses Leitungsgremium mit zweierlei Maß mißt. Da der einzelne Zeuge kaum eine schlechte Erfahrung, die er mit oder in seiner Gesellschaft gemacht hat, weitererzählen wird – aus Angst, als Nestbeschmutzer zu gelten –, ist die Informationskontrolle, der alle Mitglieder unterliegen, nahezu perfekt.

Die nun folgende Zeit sollte die schlimmste Zeit unseres Lebens werden! Die vielen Zweifel, die wir inzwischen hatten, brachten unsere Glaubensüberzeugung immer mehr ins Wanken. Wir begannen, den Verhaltenskodex der Gesellschaft in Frage zu stellen.

Wieso durften wir keine Kritik äußern? Warum wurden unser persönliches Gewissen und unsere eigene Meinung bei allen Anordnungen völlig übergangen?

Lange beschäftigten wir uns mit den Aussagen aus Römer 14. In Vers 5 ist dort zu lesen:

„Jeder sei in seinem eigenen Sinn völlig überzeugt",

und weiter heißt es in den Versen 12 und 13:

> „Also wird nun jeder von uns für sich selbst Gott Rechenschaft geben. Laßt uns nun nicht mehr einander richten ...“

Ging aus diesem Text nicht ganz deutlich hervor, daß damals bei den ersten Christen, außer wenn es um die Tatsachen des Evangeliums ging, in vielen Dingen unterschiedliche Handlungsweisen geduldet wurden? Paulus hatte aber nicht die Unterschiede verurteilt, sondern die Tatsache, daß einige versucht hatten, ihre Glaubensgeschwister zu verurteilen, weil sie anders handelten als sie selbst. Passierte mit uns heute nicht genau das gleiche? Wenn Paulus den ersten Christen eine persönliche Entscheidungsfreiheit eingeräumt hatte, warum sollten wir uns heute allen Anweisungen der Wachtturm-Gesellschaft bedingungslos unterordnen? Würden wir vor Gott einmal bestehen können, wenn wir uns darauf beriefen, strikt nach den Anweisungen der Organisation gehandelt zu haben? Würde er nicht nach unserer persönlichen Gewissensentscheidung fragen?

Immer öfter hatten wir das Gefühl, daß man uns alle gleichschalten wollte, wir sollten möglichst alle das gleiche tun und denken. In unseren Augen war das widernatürlich. Hatte nicht Gott selbst uns sehr unterschiedlich und individuell geschaffen, warum sollten wir dann gerade diese Individualität aufgeben?

Es verging kaum noch eine Woche, in der wir nicht über neue Ungereimtheiten stolperten. Seit kurzem hatten wir das wöchentliche Buchstudium bei uns im Haus. Im Anschluß an das vorgeschriebene Programm gab es dann mit dem leitenden Ältesten endlose Debatten über unsere persönlichen Ansichten.

Man hielt uns vor, wir würden zu viel andere Literatur lesen, darin läge die Ursache unserer Zweifel. „Laßt euch doch einfach nur noch von den Schriften der Gesellschaft führen. Ihr braucht das Geschriebene doch nur als Wahrheit anzunehmen, das ist doch nicht so schwer.“

Nein, sie wollten oder konnten uns nicht verstehen. Wie konnten wir uns führen lassen von Schriftaussagen, die unser gesunder

Menschenverstand anzweifelte? Wir konnten doch unseren eigenen Geist nicht vergewaltigen!

Wie viele zweifelnde Zeugen geben spätestens an dieser Stelle ihren Widerstand auf. Spätestens dann, wenn sie merken, daß sie von den übrigen Versammlungsgliedern gemieden werden, schwenken sie um. Aus Angst vor der Isolation bringen sie die Stimme ihres eigenen Gewissens nach und nach zum Schweigen, indem sie sich zwingen, die Anordnungen und Glaubensaussagen der Wachtturm-Gesellschaft zu befolgen.

Wie froh und dankbar sind wir heute noch, daß wir uns damals beim Lesen nicht nur auf die Literatur der Organisation beschränkt hatten, denn das Lesen anderer Bücher trug mit dazu bei, daß unser Geist und Verstand nicht völlig von den Wachtturmlehren „besetzt" wurde. Wir konnten weiter um eine genaue Erkenntnis kämpfen. Und ein Kampf war es tatsächlich!

Die Generation von 1914

Die nächste „Wachtturm"-Ausgabe versetzte uns einen erneuten Schock. Dort hieß es:

> „Jesus Christus hat gesagt, daß er 1914 sein Königreich im Himmel aufrichtet."

Mein Mann war furchtbar aufgebracht: „Das ist eine glatte Lüge, so etwas hat Jesus selbst nie gesagt!"

Immer wieder wurde auf dieses Jahr 1914 in den Publikationen der Gesellschaft hingewiesen, manchmal konnten wir es nicht mehr hören. Diese Jahreszahl war ja von Anfang an unser „Schwachpunkt" gewesen. Damals hatten wir ihr nicht so große Bedeutung beigemessen, aber nun kamen uns erneut Zweifel an der Richtigkeit dieser Berechnung. Erst unlängst hatten wir den

Text aus Matthäus, Kapitel 28, Vers 18 gelesen, wo Jesus selbst, kurz vor seiner Himmelfahrt, zu seinen Jüngern sagte:

„Mir ist gegeben alle Gewalt im Himmel und auf Erden."

Jesus war zwischen den Jahren 30-33 unserer Zeitrechnung gekreuzigt, gestorben, begraben, auferstanden und in den Himmel aufgefahren. Dieser Zeitraum steht fest und ist unumstritten. Wenn ihm schon damals alle Macht von seinem Vater gegeben worden war, welche Gewalt sollte er dann 1914 noch bekommen haben? An den Worten Jesu hatten wir keinen Zweifel, sollte uns die Wachtturm-Gesellschaft etwas Falsches beigebracht haben?

Zweifelhaft erschienen uns auch die Aussagen über „diese Generation". In Matthäus, Kapitel 24, zählt Jesus verschiedene Ereignisse auf, die auf die „Zeit des Endes", also die Zeitperiode, die kurz vor dem Gerichtstag Gottes sein wird, hinweisen. Nach der Wachtturmlehre begannen diese Ereignisse wie Kriege, Seuchen und Hungersnöte erst im Jahr 1914, weil dort der Erste Weltkrieg begann. In Vers 34 ist dann zu lesen:

„Wahrlich, ich sage euch: Dieses Geschlecht wird nicht vergehen, bis dies alles geschehen ist."

In der Wachtturm-Bibel wurde das Wort „Geschlecht" mit *Generation* übersetzt.

Schon vor unserer Taufe waren wir in dem „Wahrheitsbuch" auf diesen Text aufmerksam gemacht worden. Dort war auf Seite 95 zu lesen:

„Aber heute sind noch Personen am Leben, die 1914 alt genug waren, um zu beobachten, was geschah, und die sich somit heute noch daran erinnern können. Diese Generation ist nun schon ziemlich alt. Viele, die zu dieser Generation gehörten, sind bereits gestorben. Doch Jesus sagte sehr deutlich: ‚Diese Generation (wird) auf keinen Fall vergehen . . . bis alle diese Dinge geschehen.' Einige Personen, die zu dieser Generation gehören, werden das Ende dieses bösen Systems erleben. Das bedeutet, daß das Ende bald kommen muß!"

In den Versammlungen wurde gelehrt, daß eine Generation nach biblischem Verständnis siebzig bis achtzig Jahre dauert und ein Mensch wenigstens zehn Jahre alt gewesen sein mußte, wenn er sich an bestimmte Ereignisse aus seiner Kindheit später erinnern wollte. Rein rechnerisch würde das bedeuten, daß die Generation, die 1914 zehn Jahre alt gewesen war und insgesamt achtzig Jahre gelebt hatte, spätestens im Jahre 1984 ausgestorben sein mußte. Das „Wahrheitsbuch" war im Jahr 1968 erschienen. Im 1982 veröffentlichten „Paradiesbuch" hörten sich die Aussagen über die „Generation" schon etwas anders an:

> „Einige von der Generation, die 1914 lebten, werden das Ende des Systems der Dinge erleben und überleben." (Seite 154)

Hier mußten die Augenzeugen nicht erst zehn Jahre alt gewesen sein, sondern sie mußten einfach nur „schon gelebt haben". Stillschweigend hatte man die Generation um glatte zehn Jahre verlängert. (Selbst im „Erwachet" vom 8.11.94, Seite 10, hielt man an dieser Meinung immer noch fest.)

Hatten diese Aussagen noch etwas mit der „Wahrheit" zu tun, auf die alle Zeugen Jehovas immer so stolz waren? Durch solche Widersprüche in der Literatur wurde unser Mißtrauen weiter geschürt.

Von nun an lasen wir die Veröffentlichungen der Gesellschaft noch genauer. Außerdem gewöhnten wir uns an, nicht nur die einzelnen Bibelverse, die in der Literatur angegeben waren, in unserer Bibel nachzuschlagen, sondern meistens lasen wir das ganze Kapitel. Erst der ganze Textzusammenhang lehrte uns, die einzelnen Verse wirklich zu verstehen. Wir erkannten, wie schnell man etwas Falsches in eine Aussage hineindeuten kann, wenn man sich beim Lesen nur auf einen einzelnen Vers beschränkt. Da wir unsere Bibel inzwischen viel besser kennengelernt hatten, fielen uns auch oft Parallelstellen zu einem bestimmten Thema ein, die wir in unsere Überlegungen mit einbezogen.

Die Lehre von den zwei Klassen

Der nächste kritische Punkt, der uns beschäftigte, war die Lehre von den „zwei Klassen“. Nach den Aussagen der Wachtturm-Gesellschaft kamen nur 144 000 „Auserwählte“ in den Himmel, alle anderen Zeugen, die als „große Volksmenge“ bezeichnet wurden und zu der auch wir uns zählten, würden nach dem Gerichtstag Gottes auf einer paradiesischen Erde weiterleben. Niemand empfand das als Nachteil, sondern jeder freute sich auf diese paradiesischen Zustände. Durch unser nun intensiveres Bibellesen waren wir im Neuen Testament immer wieder auf Texte gestoßen, die aussagten, daß alle Gläubigen in den Himmel kommen. So zum Beispiel Philipper 3, Vers 20:

> „Denn unser Bürgerrecht ist in den Himmeln, von woher wir auch den Herrn Jesus Christus als Heiland erwarten“,

> oder: „Er hat uns mitauferweckt und mitsitzen lassen in der Himmelswelt in Christus Jesus“ (Epheser 2, Vers 6),

und viele andere Stellen. In der Versammlung hatten wir unlängst Matthäus 5, Vers 12 gelesen:

> „Freut euch und frohlockt, denn euer Lohn ist groß im Himmel“,

und ich hatte den Ältesten gefragt: „Wie soll ich das verstehen, aus dieser Stelle geht doch deutlich hervor, daß die Gläubigen in den Himmel kommen?“ Seine Antwort lautete: „Dieser Text gilt nicht für uns, sondern nur für die 144 000 Auserwählten.“

„Aber wie soll ich denn erkennen, welche Aussagen für mich und welche für die 144 000 sind?“

Auf diese Frage wußte er auch keine rechte Antwort.

Wir aber fragten uns, wie es überhaupt möglich sein konnte, daß man das Volk Gottes in zwei verschiedene Klassen aufteilte. Mißtrauisch machte uns auch, daß die Wachtturm-Gesellschaft in ihren Anfängen, in Übereinstimmung mit allen christlichen Kirchen, *auch* daran geglaubt hatte, daß alle Gläubigen in den Himmel kommen würden. Erst 1935 hatte der „treue, verständige Sklave“ dann behauptet, „das Licht der Erkenntnis sei größer geworden“, man hätte sich geirrt und sei nun ganz sicher, daß nur 144 000 von Gott auserwählte Personen in den Himmel kommen würden. Damals wurde jeder Zeuge Jehovas aufgerufen, sich selbst im Gebet vor Jehova zu prüfen, ob er zu diesen Auserwählten gehöre oder nicht.

Zum Nachdenken brachten uns auch die Verse 29 und 30 aus Römer 3:

> „Oder ist (Gott) der Gott der Juden allein? Nicht auch der Nationen? Ja, auch der Nationen. Denn Gott ist einer. Er wird die Beschneidung aus Glauben und das Unbeschnittensein durch den Glauben rechtfertigen.“

Wenn hier die Rede von zwei verschiedenen Gruppen war, dann ging es allerdings nicht um besonders Auserwählte und eine große Volksmenge, sondern um Beschnittene, das heißt Juden, und um Unbeschnittene, also Menschen aus anderen Nationen.

Allerdings wurden diese beiden Gruppen von Paulus in Kapitel 10, Verse 12 und 13, wieder in der Zusammenschau gesehen, wenn es dort heißt:

> „Denn es ist kein Unterschied zwischen Jude und Grieche, denn er ist Herr über alle, und er ist reich für alle, die ihn anrufen; denn jeder, der den Namen des Herrn anrufen wird, wird errettet werden.“

Aus dieser Sicht würde auch die Aussage Jesu aus Johannes 10 eine andere Bedeutung bekommen, wenn er dort in den Versen 14-16 erklärt:

> „Ich bin der gute Hirte; und ich kenne die Meinen und ich bin gekannt von den Meinen …
> Und ich habe andere Schafe, die nicht aus diesem Hof sind;

auch diese muß ich bringen, und sie werden meine Stimme hören, und es wird eine Herde und ein Hirte sein."

Die Gesellschaft hatte immer gelehrt, daß die „Schafe des guten Hirten" die 144 000 Auserwählten waren – und die „anderen Schafe, die nicht aus diesem Hof sind", waren wir, die „große Volksmenge".

Wenn wir nun die vorher gelesenen Texte aus dem Römerbrief noch einmal bedachten, erschien es uns viel wahrscheinlicher, daß Jesus mit „seinen Schafen" das Volk Israel gemeint hatte. Die anderen Schafe, die „nicht aus diesem Hof" waren, schienen dann die Menschen aus allen anderen Nationen zu sein, die sich im Glauben Jesus zuwandten. Das würde sich auch decken mit der Aussage aus Johannes 1, Verse 11 und 12, wo es von Jesus heißt:

„Er kam in das Seine (nämlich in das israelitische Volk), und die Seinen nahmen ihn nicht an; so viele ihn aber aufnahmen, denen gab er das Recht, Kinder Gottes zu werden, denen, die an seinen Namen glauben ..."

Welche Bedeutung hatte dann aber die Zahl 144 000, die nur zwei Mal in der Offenbarung, nämlich in Kapitel 7, Verse 4-8 und in Kapitel 14, Verse 1-5 erwähnt wurde? In dieser Frage kamen wir damals zu keinem endgültigen Ergebnis. Aber beim Lesen dieser Texte fiel uns auf, daß der Apostel Johannes in Kapitel 7, Vers 9 eine Vision beschreibt, in der sowohl die 144 000 als auch die große Volksmenge im Himmel zusammen vor dem Thron des Lammes standen. Hatten wir in den Publikationen der Gesellschaft nicht immer gelesen, daß die große Volksmenge überhaupt keinen Zutritt zum Himmel hatte?

Später, nachdem wir verschiedene andere theologische Schriften gelesen hatten, kamen wir für uns persönlich zu der Ansicht, daß die Zahl 144 000 nicht als Zählzahl zu werten, sondern symbolisch zu sehen ist. Unserer Meinung nach kann sie ein Sinnbild für die Errettung ganz Israels, oder auch für die Vollzahl aller Erretteten aus allen Zeitaltern sein. In Offenbarung 14, Vers 4, werden die 144 000 beschrieben als die, „die von der Erde erkauft sind“. Und erkauft durch das Blut Christi sind wir alle, Juden und Heiden gleichermaßen.

Nach all unseren Zweifeln und Überlegungen brachte mein Mann seine Empfindungen zum Ausdruck: „Irgend etwas stimmt hier nicht! Langsam bekomme ich das Gefühl, daß wir diese Organisation wieder verlassen müssen.“

„Du willst dich trennen vom Volke Gottes, das kann doch nicht dein Ernst sein!“ Mächtig fuhr mir der Schreck in die Glieder.

Trotz der vielen Ungereimtheiten, die wir inzwischen entdeckt hatten, und trotz der Zweifel an der Wahrhaftigkeit einiger Lehraussagen hielt ich persönlich immer noch an der Überzeugung fest, daß wir uns im Volke Jehovas befanden. „Wir sollten einmal mit den Ältesten darüber reden, sie werden uns das bestimmt alles erklären können“, versuchte ich meinen Mann zu beruhigen.

Ringen um eine Entscheidung

Wie hatte ich nur so einfältig sein können, daß ich glaubte, ausgerechnet die Versammlungsältesten könnten unsere Zweifel beseitigen! Natürlich war es den Ältesten nicht entgangen, daß wir mit den Ansichten der Gesellschaft nicht mehr in allen Punkten konform gingen. Zu oft hatten wir in letzter Zeit kritische Gedanken geäußert, und so etwas wurde von allen Mitgliedern genaustens registriert. Beim letzten Bezirkskongreß hatten wir es sogar gewagt, den Sonntag für uns allein zu Hause zu verbringen, so etwas tat nur jemand, der keine Wertschätzung mehr für die „Unterweisungen Jehovas“ hatte.

Ich weiß noch, daß wir uns damals sowohl seelisch als auch körperlich völlig ausgehöhlt fühlten. Ständig waren irgendwelche Pflichten zu erfüllen, hinzu kam, daß meine Schwiegermutter inzwischen bettlägerig geworden war und wir sie windeln und füttern mußten.

So war ich am Samstag mit unserem Sohn allein auf dem Kongreß gewesen. Draußen herrschten hochsommerliche Temperaturen, und in den großen Messehallen war die Luft unerträglich gewesen. Als ich abends völlig erschöpft nach Hause kam, beschlossen wir: „Der morgige Tag wird gestrichen!"

Wir hätten ohnehin nicht zusammen fahren können, denn einer mußte ja die Oma versorgen, und wir wollten endlich einmal wieder einen ganzen Tag frei haben! Auch an anderen Sonntagen hatten wir ja immer nur den Vormittag frei, weil nachmittags die Zusammenkunft im Königreichssaal war.

Dieser eine freie Tag hat sich unauslöschlich in meinem Gedächtnis festgesetzt! Obwohl das schon über zehn Jahre zurückliegt, weiß ich noch genau, daß die Sonne schien und wir uns auf einer gemeinsamen kleinen Radtour völlig frei und gelöst fühlten. Für diesen einen Tag war sämtlicher Druck von uns abgefallen! Wir erinnerten uns daran, wie viele schöne Sonntage wir früher verbracht hatten, und fragten uns, ob es tatsächlich der Wille Jehovas war, daß wir ständig unter einem inneren Druck lebten. Hatten wir die Verpflichtungen erfüllt, die Familie und Geschäft mit sich brachten, kamen die Versammlungsbesuche, das Predigen und Studieren an die Reihe. Zeit für ein Hobby oder ein wenig Muße blieben dabei kaum übrig.

Der Wunsch wuchs, unser Leben zu verändern. Aber wie sollten wir das tun? Wenn wir die Versammlung tatsächlich verließen, wo sollten wir dann hingehen? Wir waren nach wie vor überzeugt, daß alle Kirchen nicht die richtige Theologie vertraten und ihren Glauben nicht ernst nahmen. Gleichzeitig wurden wir aber immer sicherer, daß auch die Wachtturmlehren nicht alle der biblischen Wahrheit entsprachen. Wenn die Zeugen Jehovas tatsächlich den richtigen Glauben hatten, dann würden wir in Harmagedon von Gott erschlagen werden, wenn wir uns von ihnen trennen würden. Dieses Risiko wollten wir auf keinen Fall eingehen!

Nach wie vor war es unser Wunsch, uns möglichst eng an die Anordnungen Gottes zu halten, aber gleichzeitig merkten wir, daß wir so wie bisher nicht weiterleben konnten. Wir dachten über unsere Nachbarin nach. Bei unseren Besuchen bei ihr war uns aufgefallen, daß ihre Bibel immer griffbereit auf ihrem Küchentisch lag, und wir konnten bei ihr einfach spüren, daß sie im vollen

Vertrauen auf Gott lebte. Würde sie auch von Jehova erschlagen werden, nur weil sie keine Zeugin Jehovas war?

„Wenn das der Fall ist, glaube ich an einen falschen Gott!" Für meinen Mann war es eine unumstößliche Tatsache, daß Gott nicht nach Äußerlichkeiten, sondern nur nach der Herzenseinstellung eines Menschen urteilen würde – und ich mußte ihm beipflichten.

Stundenlang liefen wir durch den Wald und versuchten unsere Gedanken zu ordnen. Was würden unsere Nachbarn und vor allen Dingen unsere Familie sagen, wenn wir unsere Religion noch einmal wechseln würden. Wären wir in ihren Augen nicht völlig unglaubwürdig?

Wir konnten uns kaum vorstellen, nie wieder in eine Versammlung zu gehen, denn das war uns zu einer alltäglichen Gewohnheit geworden. Würden wir jemals andere Menschen finden, die ihren Glauben ebenso ernst nehmen wie wir? Mit wem sollten wir nun über Gottes Wort reden können?

Und die Sektendoktrin, daß ein ewiges Heil nur in *unserer* Organisation zu erreichen war, hatte sich so tief in unserem Unterbewußtsein festgesetzt, daß die Angst vor einer Vernichtung durch Jehova immer wieder in uns aufkam.

Egal, ob ich beim Abwaschen oder beim Bettenmachen war, immer wieder beschäftigte mich die bohrende Frage: „Wie finden wir einen Ausweg aus dieser Situation?"

Oft brach ich in hemmungsloses Weinen aus, weil ich den seelischen Druck und diese innere Zerrissenheit nicht mehr ertragen konnte. Ich habe nie so viel geweint wie in diesen Monaten!

„Ihr könnt überhaupt nicht mehr lachen", diese Feststellung unseres Sohnes traf uns mitten ins Herz. Er hatte schon vor Monaten erklärt: „Wenn ich das sehe, was ihr für Probleme habt und wie ihr von euren Geschwistern behandelt werdet, dann kann ich nicht mehr glauben, daß das Christen sind. Ich gehe nicht mehr mit in die Versammlungen!"

Da er noch nicht getauft war und somit nicht als offizielles Mitglied betrachtet wurde, gab es deshalb mit den Ältesten keinerlei Debatten. Wahrscheinlich wurde sein Entschluß als Ergebnis unserer schlechten Erziehung gewertet, denn Eltern, die selbst zweifelten, konnten ja kein gutes Vorbild für ihren Sohn sein. Wir akzeptierten seine Entscheidung, denn wir waren schon immer der Meinung gewesen, daß man auch seinem eigenen Kind keinen Glauben aufzwingen kann. So hatten wir ihm von Anfang an eine eigene Entscheidungsfreiheit eingeräumt, was unter Zeugen Jehovas ganz und gar nicht üblich war.

Auch über diese Entwicklung sind wir heute unsagbar froh, denn über unsere Familie wäre viel Leid und Not hereingebrochen, wenn er damals in der Organisation geblieben wäre, als wir sie wieder verließen.

Mein Mann und ich waren damals völlig allein, wir hatten niemanden, mit dem wir über unsere Sorgen und Zweifel hätten reden können. Plötzlich hatten wir nur noch Gott. In dieser Zeit haben wir beten gelernt! Immer wieder baten wir Gott, uns doch einen Ausweg aus dem ganzen Dilemma zu zeigen. Jetzt wurde das, was wir ganz am Anfang unseres Studiums mit den Zeugen begriffen hatten, zu einer Art Rettungsanker für uns, an dem wir uns festklammerten: Das Wort Gottes ist absolut zuverlässig und wahr. Sämtliche „Ich-bin-Worte“ Jesu, wie „Ich bin der Weg“, „Ich bin das Brot des Lebens“ und „Ich bin das Licht der Welt“, wurden in unserer Bibel rot unterstrichen.

Die Entscheidung

Wieder einmal war ich völlig am Ende meiner Kräfte. Weinend saß ich an meiner Nähmaschine. Und dann betete ich aus tiefem Herzen zu Gott: „Vater, ich kann so nicht weiterleben! Wenn diese Organisation wirklich dein Volk ist, dann hilf uns, daß wir wieder mit frohem Herzen in die Versammlung gehen können. Aber wenn dieser Glaube falsch ist, dann bewirke du, daß man uns ausschließt aus der Versammlung!“

Ich hatte immer noch Angst davor, einfach wegzugehen, deshalb legte ich diese Entscheidung jetzt in Gottes Hände, denn ich glaubte fest daran, daß für ihn nichts unmöglich war. Nach diesem Gebet wurde ich langsam ruhiger.

Einige Tage später ging mein Mann zu einem älteren Herrn, der immer die „Wachttürme“ von uns bekam, aber kein Zeuge war. Ihm erklärte er, daß er ihn das letzte Mal besuche. Er könne es mit seinem Gewissen nicht mehr vereinbaren, diese Zeitschriften weiter auszuteilen. Im Laufe des Gespräches erzählte er ihm von all unseren Zweifeln und Überlegungen. Nachdem er sich verabschiedet hatte, rief dieser Mann sofort einen Ältesten der Versammlung an und berichtete ihm von dem Besuch meines Mannes.

Am nächsten Tag bekamen wir einen Anruf und die Einladung zu einer Unterredung mit den Ältesten. Wir standen am Telefon und wußten plötzlich, daß mit diesem Anruf der Moment der Entscheidung für uns gekommen war. Sofort erinnerten wir uns an die Worte Jesu aus Johannes 14, Vers 6, die wir erst vor einigen Tagen gelesen hatten:

> „Ich bin der Weg und die Wahrheit und das Leben. Niemand kommt zum Vater als nur durch mich.“

Sehr eingehend hatten wir uns darüber unterhalten und uns gefragt: „Gilt dieser Ausspruch auch für uns? Wenn das wirklich wahr ist, daß nur Jesus allein der Weg zu Gott ist, dann ist es eigentlich ohne Bedeutung, ob wir der Wachtturm-Gesellschaft angehören oder nicht. Selbst wenn sie uns ausschließen würden, könnte uns das egal sein, denn an unserem Glauben an Gott und seinen Sohn Jesus Christus haben wir ja trotz unserer vielen Zweifel immer festgehalten.“

Hier am Telefon standen wir nun vor dem Scheideweg. Sollten wir uns auf die Aussage Jesu verlassen oder auf das, was die Gesellschaft lehrte?

Im festen Vertrauen auf die Wahrhaftigkeit der Schrift, entschieden wir uns für die Worte Jesu! Wir erklärten am Telefon, daß wir zu weiteren Gesprächen nicht mehr bereit seien und auch nicht mehr in den Königreichssaal kommen würden. Bei einem weiteren Anruf eines Ältesten wurde uns mitgeteilt, daß man uns aus der Versammlung ausgeschlossen hätte.

War das denn überhaupt möglich, konnte man uns noch ausschließen aus einer Organisation, die wir bereits vorher aus eigenem Entschluß verlassen hatten? Dieser Ausschluß war das letzte Druckmittel, mit dem die Sekte versuchte, in unser Leben hineinzuwirken. Zum letzten Mal wurde versucht, uns ein schlechtes Gewissen einzureden, denn indirekt wurde mit dem Ausschluß etwa folgendes ausgedrückt:

„Ihr seid von nun an ausgestoßene Personen! Euer Gott Jehova, an den ihr jahrelang geglaubt habt, will nichts mehr mit euch zu tun haben! Euer ewiges Leben, für das ihr so viel geopfert habt, habt ihr verspielt, weil ihr euch getrennt habt vom auserwählten Volk Gottes! Von nun an steht ihr im Machtbereich des Satans!" Man wollte uns Angst vor einer Strafe Gottes einflößen.

Niemand weiß, wie groß die Zahl der ehemaligen Zeugen ist, die noch jahrelang nach ihrem Ausschluß von ihrem schlechten Gewissen geplagt werden. Die Sektendoktrin, der sie so lange Zeit unterworfen waren, ist mit ihrem Ausschluß nicht automatisch aus ihrem Bewußtsein ausgetilgt, sondern kann sich noch Jahre danach negativ auf ihre psychische Gesundheit auswirken.

Von einem Tag zum anderen wurden wir für alle Versammlungsglieder zu schlechtem Umgang. Wenn uns auf der Straße ehemalige Geschwister begegneten, sahen sie starr an uns vorbei, grüßen durften sie uns nun nicht mehr. Daran hat sich auch bis heute, zehn Jahre nach unserem Ausschluß, nichts geändert. Ein mit uns befreundetes Ehepaar aus unserer Versammlung brach den Kontakt mit uns ab.

Dieses rigorose Verfahren wurde von der Gesellschaft im Jahre 1981 erneut wieder eingeführt, nachdem es 1974 schon einmal abgemildert worden war. Von 1974 bis Ende 1981 war es möglich gewesen, sich ohne schwerwiegende Konsequenzen aus der Versammlung zurückzuziehen. Die Zeugen, die sich von der Versammlung getrennt hatten, wurden dann zwar zu „schlechtem Umgang, der nützliche Gewohnheiten verderben kann", aber kein Mitglied wurde behelligt, wenn es weiterhin Kontakte zu diesen Personen unterhielt. Diese Regelung war besonders wichtig für die Menschen, deren Familienangehörige sich noch in der Organisation befanden.

Ab Dezember 1981 wurde jeder, der sich ähnlich wie wir aus der Versammlung zurückzog, wie ein Ausgeschlossener behandelt. Alle Mitglieder wurden aufgefordert, jeglichen Kontakt zu dieser Person abzubrechen, auch wenn es sich dabei um Eltern, Kinder oder andere Familienangehörige handelte. Eine Ausnahme galt dabei für Ehepartner, mit denen man weiter zusammenleben durfte. Allerdings sollten bei diesem Zusammenleben die „Gebote Jehovas“ nicht verletzt werden.

Im praktischen Alltagsleben lief das darauf hinaus, daß die Forderungen der Wachtturm-Gesellschaft immer an erster Stelle zu stehen hatten und die Bedürfnisse des Partners den Gepflogenheiten der Versammlung untergeordnet wurden. Diese Anweisungen haben bis auf den heutigen Tag Gültigkeit, und es ist nicht verwunderlich, daß die meisten dieser Ehen mit einer Trennung enden.

Solch eine seelische Pein blieb uns glücklicherweise erspart. Wir sind noch heute dankbar dafür, daß wir diesen Weg durch alle Höhen und Tiefen gemeinsam gegangen sind und unsere Ehe dabei niemals aufs Spiel gesetzt haben! Auch befand sich niemand aus unserer Verwandtschaft in der Organisation, als wir uns von ihr trennten. Nach ziemlich genau sechs Jahren Sektenmitgliedschaft (wir waren im Dezember 1979 getauft und im Dezember 1985 wieder ausgeschlossen worden) waren wir wieder Menschen, die frei über ihr Leben und ihren Glauben entscheiden konnten!

Endlich frei!

Wir waren nach unserem Ausschluß erst einmal sehr erleichtert. Es war, als ob eine Zentnerlast von unserer Seele fallen würde. Gleichzeitig machte sich aber auch wieder eine Leere bemerkbar, die wir bereits früher kennengelernt hatten.

Würden wir unseren Glauben an Gott, von dem wir gemeint hatten, ihn bei den Zeugen Jehovas gefunden zu haben, auch allein aufrecht erhalten können? Manchmal hatten wir das Gefühl, in einem Vakuum zu leben. Die psychische Zwangsjacke der Sekte hatten wir abgeschüttelt, aber uns fehlte eine neue Grundlage für unser Leben. Wir verrichteten unsere alltäglichen Arbeiten, aber ein gewisser innerer Halt war uns verloren gegangen. Es war wie nach einer langen, schweren Krankheit: Man weiß, daß man wieder gesund, aber noch längst nicht wieder im Vollbesitz seiner einstigen Kräfte ist. So hatten auch wir das Gefühl, einen geistigen Gesundungsprozeß zu durchlaufen. In meinem Tagebuch ist aus dieser Zeit folgende Aufzeichnung zu finden:

„Langsam werde ich innerlich ruhiger. Es ist schwer zu beschreiben, was in mir vorgeht. Da macht sich ein gewisser Gleichmut bemerkbar. Ich erledige meine Arbeiten wieder ruhiger, ohne diesen inneren Druck, den ich jahrelang verspürte. Immer hatte ich das Gefühl, Hausarbeit, die Oma, das Geschäft, all diese Dinge müssen erledigt werden, aber es wäre viel besser, wenn du in dieser Zeit predigen gehen würdest. Dieses Gefühl war am Anfang bewußt vorhanden, später versuchte ich mir einzureden, daß meine Arbeit ebenso wichtig sei wie das Predigen, und ich kam sogar soweit, daß ich kein schlechtes Gewissen mehr hatte, wenn ich nicht so oft von Tür zu Tür ging. Und doch muß tief in meinem Unterbewußtsein etwas vorhanden gewesen sein, was einen Druck verursachte. Wir beide waren nur selten wirklich froh in diesen letzten Jahren. Im Moment leben wir zwar wieder ohne diesen Druck, aber richtig froh bin ich immer noch nicht. Wie können wir von jetzt an unseren Glauben praktizieren, und wo finden wir die richtige Glaubensgemeinschaft? War wirklich alles, was wir bei den Zeugen gelernt haben, falsch? Einige Lehraussagen halten wir immer noch für richtig. Ob Gott uns vielleicht Menschen schickt, die uns aus dieser inneren Verwirrung heraushelfen?"

Einige Wochen nach unserem Ausschluß bekamen wir Kontakt zu einem christlichen Hauskreis. Lange überlegten wir, ob es sinnvoll sei, diesen Kreis zu besuchen. Aber der Wunsch nach Menschen, die ihren Glauben ernst nahmen, vertrieb all unsere Bedenken.

Mit klopfenden Herzen stiegen wir die Treppen zu der Wohnung im zweiten Stock empor. Auch der Königreichssaal der Zeugen Jehovas hatte im zweiten Stockwerk gelegen, genau wie diese Wohnung, und der Weg in die Versammlung der Zeugen war uns in den letzten Monaten von Mal zu Mal schwerer gefallen. Damals hatten wir schon auf der Treppe versucht, uns innerlich gegen die eisige Atmosphäre zu wappnen, die uns in den letzten Monaten regelmäßig entgegenschlug. Was würde uns nun in dieser Wohnung erwarten, würde es uns hier auch so ergehen?

Auf der letzten Stufe wäre ich am liebsten wieder umgedreht, aber mein Mann hielt mich zurück, er wollte wissen, wie er solch einen Hauskreis einzuordnen hatte. Vorgenommen hatten wir uns, besonders kritisch zu sein, denn wir wollten unter gar keinen Umständen in eine neue Sekte hineinschlittern.

Schon beim Eintritt in das Wohnzimmer waren wir angenehm überrascht. Wir spürten sofort, hier herrschte eine völlig andere Atmosphäre als bei den Zeugen.

Wir haben später noch oft bemerkt, daß wir ein besonderes Gespür dafür entwickelt hatten, ob von einer Gruppe oder von einzelnen Menschen ein psychischer Druck oder eine suggestive Wirkung ausging oder nicht. Die bei den Zeugen Jehovas gesammelten Erfahrungen hatten uns zu „gebrannten Kindern" gemacht, die auf diese Dinge besonders sensibel reagierten.

Überrascht stellten wir fest, daß in diesem Kreis nur die Bibel gelesen wurde. Der Leiter las einen bestimmten Abschnitt vor, über den sich anschließend alle miteinander unterhielten. Hier wurden keine vorgefertigten Fragen gestellt, und wir erlebten, daß jeder ganz ungezwungen sagen konnte, was er gerade dachte. Selbst über Fragen oder Zweifel der Teilnehmer wurde offen geredet, ohne daß Wertungen vorgenommen wurden. Ja, genauso hatten wir uns ein christliches Miteinander immer vorgestellt. Beeindruckend war für uns auch die abschließende Gebetsgemeinschaft, so etwas hatten wir nie kennengelernt.

In der Versammlung der Zeugen Jehovas betete immer nur der jeweilige Leiter oder ein Bruder, der vorher dazu aufgefordert wurde. Die Inhalte der Gebete waren oft wie eine nachträgliche

Zusammenfassung des vorher behandelten Themas, persönliche Gedanken kamen nur sehr selten zur Sprache. Hier im Hauskreis aber konnte jeder beten, der sich dazu gedrängt fühlte, und alle Gebete hatten einen persönlichen Charakter.

Uns fiel auf, daß diese Menschen eine völlig andere Beziehung zum Wort Gottes und zu Jesus Christus hatten als die Zeugen Jehovas. War hier die Verbindung zu Gott, die wir immer gesucht hatten, zu finden? In diesem Kreis bekamen wir auch Zugang zu theologischen Schriften und christlicher Literatur, die sich völlig unterschied von den bisher gelesenen Wachtturm-Publikationen.

Der wahre Weg

Die nächste Aufregung, die uns erreichte, war der Schlaganfall meiner Mutter. Alle Überlegungen, die wir bezüglich unseres Glaubens anstellten, traten erst einmal in den Hintergrund für mich. Ich setzte mich ins Auto und fuhr in meinen Heimatort.

Bei meiner Rückkehr kam mein Mann mir freudestrahlend entgegen. Aus Telefongesprächen wußte er, daß es meiner Mutter wieder besser ging, und so konnte er es kaum erwarten, seine eigene Neuigkeit loszuwerden. „Jetzt habe ich endlich Frieden mit Gott! Ich habe Jesus Christus gebeten, von nun an der Herr in meinem Leben zu sein, er allein soll den weiteren Verlauf meines Lebens bestimmen. Das mußt du auch tun, damit du endlich Ruhe findest für deine Seele!“

Verständnislos sah ich ihn an: „Du, ich habe keinen Nerv mehr für irgendwelche Neuerungen, ich glaube weiterhin an Gott, lese in meiner Bibel, bete – das reicht mir.“

Im Laufe der nächsten Wochen grübelte ich allerdings immer öfter über die Worte meines Mannes. Hatte ich doch festgestellt, daß er ruhiger und ausgeglichener geworden war, und ich fragte mich nach der Ursache. Sollte das tatsächlich an dem „Frieden mit Gott“ liegen, von dem er mir erzählt hatte? Wie gerne würde ich diesen Frieden auch haben! Aber „Jesus mein Leben zu übergeben“, das erschien mir doch ein wenig seltsam.

So kämpfte ich wochenlang mit mir selbst. Wieder fielen mir die Worte aus dem Johannes-Evangelium ein: „Ich bin der Weg, die Wahrheit und das Leben ..."

Was sollte man sich eigentlich unter diesem „Weg" vorstellen?

Ein buchstäblicher Weg konnte es ja nicht sein, es mußte sinnbildlich gemeint sein. Und so vertraute ich noch einmal auf die Aussage der Heiligen Schrift und bat Jesus Christus in einem formlosen Gebet, er möchte doch auch mein Leben in seine Hände nehmen und mir endlich inneren Frieden schenken. Damit folgte ich dem Beispiel der ersten Christen, von denen in der Apostelgeschichte an mehreren Stellen berichtet wird, daß sie

> „sich bekehrten, von der Welt der Finsternis zum Licht ..." (Apostelgeschichte 11, Vers 21; 14, Vers 15; 26, Vers 18).

Nach und nach zog eine tiefe innere Ruhe in mir ein, die mich seit dieser Zeit nie wieder verlassen hat. Das Gefühl der Gottesferne, das mich früher, auch noch als Zeugin Jehovas, so oft bedrückt hatte, habe ich seit meiner Hinwendung zu Christus nie wieder gehabt. Endlich passierte das, wonach ich mich seit meiner Jugendzeit immer gesehnt hatte: Ich spürte, daß Gott mir sehr nahe war und mich als sein Kind angenommen hatte. Erst jetzt konnte ich die Worte Jesu:

> „Frieden lasse ich euch, meinen Frieden gebe ich euch; nicht wie die Welt gibt, gebe ich euch" (Johannes 14, Vers 27),

voll erfassen. Auch meine langjährigen Zweifel, ob Gott meine Gebete überhaupt hören würde, waren auf einmal nicht mehr vorhanden.

Äußerlich veränderte sich unser Leben nur wenig, doch waren wir uns seit dieser Zeit, bei allem was wir taten, der Nähe Gottes bewußt. Dieses Bewußtsein hat uns bis heute nicht verlassen. Wir haben Höhen und Tiefen in unserem Leben wie jeder andere Mensch, aber wir sind nie mehr wirklich allein! Nach jahrelangem Suchen hatten wir, wenn auch über einen langen Umweg, endlich den Weg zu Gott gefunden!

Das Verhältnis zu unserer Familie wurde wieder so herzlich wie früher, und langsam bekamen wir einen Blick für die schönen Dingen des Lebens, denen wir jahrelang keine Beachtung mehr geschenkt hatten. Da wir nur sechs Jahre lang unter dem Einfluß der Sekte gestanden hatten, fanden wir relativ schnell wieder den Anschluß an ein „normales“ Leben.

Anders ist es bei Menschen, die sich nach jahrzehntelanger Mitgliedschaft von der Organisation trennen. Sie stehen dem normalen Leben oft völlig hilflos gegenüber. Wer Jahr um Jahr nach den Richtlinien und Gesetzen einer Sekte lebt, hat nach einer gewissen Zeit seine eigene Entscheidungsfähigkeit verloren. Während seines Sektenlebens war fast die gesamte Zeit eines ehemaligen Zeugen von der Wachtturm-Gesellschaft verplant. Plötzlich muß er wieder lernen, seinen Tagesablauf selbst sinnvoll zu gestalten. Bestand sein bisheriges Lebensziel darin, andere Menschen für die Organisation zu gewinnen und seine eigenen Aktivitäten mit deren Zielen in Einklang zu bringen, ist nach dem Ausschluß sein Leben erst einmal ziellos geworden, und er muß lernen, sich selbst neue Ziele zu stecken.

Das feste Vertrauen zu Jesus Christus, zu dem wir uns bei unserer Bekehrung ganz bewußt entschlossen hatten, wurde für uns zur Wegweisung und gab unserem Leben einen neuen Sinn.

Ehemalige Sektenmitglieder müssen nicht nur lernen, wieder ein normales Alltagsleben zu führen, sondern vor allen Dingen müssen sie erkennen, daß sie nicht an biblische Wahrheiten, sondern an das Denk-Schema einer Sekte geglaubt haben. So sind ehemalige Zeugen, die nicht erkennen, daß der Weg zu Gott einzig und allein durch den persönlichen Glauben an Jesus Christus zu finden ist, bedauernswerte Menschen. Einerseits sind sie froh, der Organisation entronnen zu sein, andererseits stehen sie immer noch unter dem Einfluß der Wachtturm-Ideologie, die ihnen ständig suggeriert, daß sie für ewig von ihrem Gott Jehova verworfen sind, wenn sie nicht wieder in die Wachtturm-Gesellschaft zurückkehren.

So leben sie in einem ständigen Zwiespalt, einerseits möchten sie jetzt endlich wieder in Frieden und ohne psychischen Druck leben, andererseits möchten sie aber auch dem Gericht Gottes entgehen und einmal auf einer paradiesischen Erde leben. Dieser Zwiespalt kann so gravierend sein, daß ihre seelische Gesundheit dadurch in Mitleidenschaft gezogen wird. Fachleute sprechen bei ehemaligen Zeugen sogar von einem „Post-Jehovas-Zeugen-Syndrom“.

Aus dieser inneren Zerrissenheit können sie nur herauskommen, wenn sie die erlernte Wachtturm-Theologie durch die wahre biblische Botschaft ersetzen. Mit anderen Worten, sie müssen ihre Sektenidentität zerstören. Oftmals ist hierzu die Hilfe bibeltreuer Christen notwendig, denn der ehemalige Zeuge muß erst wieder lernen, die Heilige Schrift „neutral“ und nicht mehr aus dem Blickwinkel der Wachtturm-Organisation zu lesen. Wer sich jahrzehntelang nur noch auf das Zuhören und das Konsumieren von vorgefertigten Gedankengängen beschränkt hat, ist kaum noch in der Lage, die Aussagen der Bibel durch eigene Denkprozesse zu erfassen.

Wir fanden in dieser Hinsicht einen hilfreichen Gesprächspartner im Leiter des Hauskreises, den wir nun regelmäßig besuchten. In langen Diskussionen und durch Hinweise auf bibelerklärende Schriften und Kommentare half er uns, ein neues Verständnis vom Wort Gottes zu erarbeiten. Wir listeten die verschiedenen Lehrpunkte der Zeugen Jehovas auf und forschten dann sehr gründlich nach, ob sie wirklich der biblischen Wahrheit entsprachen. Erst bei diesen Nachforschungen wurde uns das Ausmaß der Irrlehren voll bewußt.

Eine wichtige Lektion in unserem Umlernprozeß vermittelten uns die Mitarbeiter einer christlichen Teestube. Voller Verwunderung hatten wir bei unseren ersten Besuchen dort festgestellt, daß sie alle unterschiedlichen Kirchen und Gemeinden angehörten. Das alte Wachtturm-Denkschema in uns rebellierte sofort: Konnte man denn mit Kirchenchristen zusammenarbeiten? In persönlichen Gesprächen mußten wir aber feststellen, daß alle Mitarbeiter zwar aus verschiedenen Kirchentraditionen kamen, aber jeder von ihnen hatte sich, genau wie wir selbst, einmal aus voller Überzeugung zu Jesus Christus als seinem persönlichen Herrn und Retter bekehrt. Dieser gemeinsame Glaube verband sie und brachte sie dazu, sich trotz einiger Unterschiede in nebensächlichen Fragen als Glaubensgeschwister zu achten und zu lieben. Sie praktizierten genau das, was der Kirchenvater Augustinus empfohlen hatte: „In heilsentscheidenden Fragen Einheit, in Nebensachen Freiheit, in allem aber Liebe."

Bisher hatten wir immer geglaubt, es gäbe nur eine richtige Kirche, der man sich als gläubiger Christ anzuschließen habe. Die große Vielzahl von christlichen Glaubensgemeinschaften hatte uns oft verwirrt. Nun begriffen wir allmählich, daß Gottes Volk verstreut ist über die gesamte Erde. Seine Kinder sind Mitglieder in den unterschiedlichsten christlichen Gemeinden. Geleitet werden sie nicht von einer weltweit organisierten menschlichen Institution, sondern einzig und allein durch den Geist Gottes, der in allen seinen Kindern wirksam ist. Plötzlich konnten wir auch die Bedeutung des Textes aus dem 1. Petrusbrief 2, Verse 9 und 10, erfassen.

> „Ihr aber seid ein auserwähltes Geschlecht, ein königliches Priestertum, eine heilige Nation, ein Volk zum Besitztum, damit ihr die Tugenden dessen verkündigt, der euch aus der Finsternis zu seinem wunderbaren Licht berufen hat; die ihr einst ‚nicht ein Volk' wart, jetzt aber ein Volk Gottes seid; die ihr ‚nicht Barmherzigkeit empfangen hattet', jetzt aber Barmherzigkeit empfangen habt."

Diese Worte des Petrus hatte die Wachtturm-Organisation immer auf sich bezogen, denn ihre Mitglieder waren ja auch kein Volk im herkömmlichen Sinn, sondern Menschen aus unterschiedlichen Nationen. Daß die Zeugen Jehovas nicht das Volk Gottes sein konnten, stand für uns inzwischen außer Zweifel, aber nach wie vor hatten wir uns mit der Frage beschäftigt, wo dieses Volk sonst noch zu suchen sei. Durch die Teestubenmitarbeiter hatte Gott uns ganz praktisch demonstriert, daß es nicht mehr um eine buchstäbliche Nation ging, sondern um ein sinnbildliches Volk, in das alle christusgläubigen Menschen aus allen Zeitaltern hineingehören.

Die vielen christlichen Denominationen, die uns am Anfang unseres Christseins so verwirrt hatten, betrachten wir heute als Bereicherung, denn sie lehren uns Toleranz und Barmherzigkeit gegenüber unseren Glaubensgeschwistern.

Wir sind sicher, daß Gott eine Gemeindeleitung fordert, um ein geordnetes Zusammenleben der Gläubigen zu gewährleisten. So gibt uns auch der Apostel Paulus in seinen Briefen konkrete Anweisungen, wie die Grundstruktur einer christlichen Gemeinde auszusehen hat. Es zeugt von der großen Liebe und Güte Gottes, daß er es zuläßt, daß diese Ordnungen in nebensächlichen Fragen unterschiedlich gehandhabt werden. Niemand soll in ein bestimmtes Glaubenskorsett gepreßt werden, sondern innerhalb der von ihm festgesetzten Glaubensgrundsätze schenkt Gott jedem Menschen einen großen Freiraum zur Entfaltung seiner eigenen Individualität.

Auch sollte keine Gemeinde behaupten, nur ihre Lehraussagen seien die einzig richtigen, denn Paulus macht uns in 1. Korinther 13, Vers 9, deutlich, daß alle Gläubigen nur „stückweise erkennen“.

So ist der Glaube nicht abhängig von der Zugehörigkeit zu einer bestimmten Gemeinschaft, sondern in erster Linie von einem persönlichen Vertrauen in Christus. Das Zentrum des Christenlebens darf einzig und allein der Glaube an den auferstandenen Herrn Jesus sein, die Annahme seines stellvertretenden Opfertodes für *meine* Schuld und die Bereitschaft, diesen Jesus Christus als persönlichen Herrn über *mein* Leben regieren zu lassen.

Natürlich fordert der Hebräer-Brief uns auf, das Zusammenkommen mit anderen Gläubigen nicht aufzugeben, und das Neue Testament spricht an keiner Stelle von einem Einzel-Christsein. Aber Kirchen und Glaubensgemeinschaften können uns niemals retten vor dem Strafgericht Gottes, sondern sie können nur Wegweiser zu ihm sein, wobei wir an Hand der Heiligen Schrift prüfen müssen, ob sie keine falschen Wegweiser sind.

•

Je mehr wir studierten, je größer wurde unsere Ehrfurcht vor dem Gott, den die Bibel uns nun offenbarte. Welch ein verzerrtes Bild von Gott hatte uns die Wachtturm-Gesellschaft doch vor Augen geführt. Ein Gott, der ständig mit hoch erhobenem Zeigefinger hinter uns stand, der uns fortwährend antrieb zu guten Werken, ohne die wir das ewige Leben angeblich nie hätten erreichen können. Ständig hielt man uns vor, daß ein „treuer Diener Jehovas" für seinen Glauben etwas tun mußte, weil der „Glaube ohne Werke tot sei" (Jakobus 2, Vers 17). Daß Glaubenswerke aber vor allem eine Frucht des Heiligen Geistes sind, die nur der Mensch hervorbringen kann, der den Geist Gottes in sich zur Wirkung kommen läßt, das kam bei diesen Forderungen kaum zur Sprache, denn der Geist Gottes wirkte ja angeblich nur in den 144 000 Auserwählten. Wir, das „Fußvolk" der Organisation, hatten nach Meinung der Gesellschaft diesen Geist gar nicht nötig, wohl aber sollten wir seine Frucht hervorbringen. Heute wissen wir, welch ein sinnloses Unterfangen das war.

Nach dem Studium des Römer-Briefes wurde es uns endlich zur Gewißheit, daß wir ganz „umsonst" von Gott in sein Reich aufgenommen wurden. Erst die Worte aus Kapitel 3, Verse 23 und 24, machten uns endgültig bewußt, daß kein Mensch auf Erden in der Lage war, den vollkommenen Maßstäben Gottes zu entsprechen:

> „. . . denn alle haben gesündigt und erlangen nicht die Herrlichkeit Gottes und werden umsonst gerechtfertigt durch seine Gnade, durch die Erlösung, die in Christus Jesus ist."

Dieser Gedanke wurde in Epheser 2, Verse 8 u. 9, noch einmal unterstrichen:

> „Denn aus Gnade seid ihr errettet durch Glauben, und das nicht aus euch, Gottes Gabe ist es; nicht aus Werken, damit niemand sich rühme."

Und in Römer 8, Verse 1 und 2, gibt Gott uns die feste Zusicherung, daß wir auf diese Errettung alle Zeiten vertrauen dürfen:

„Also gibt es jetzt keine Verdammnis für die, welche in Christus Jesus sind. Denn das Gesetz des Geistes des Lebens in Christus Jesus hat dich frei gemacht von dem Gesetz der Sünde und des Todes."

Welch ein großartiges Geschenk macht Gott uns hier. Und wir brauchen nichts weiter zu tun, als es dankbar aus seiner Hand entgegenzunehmen!

Erst lange Zeit nach unserer Bekehrung wurde uns klar, was „Anbetung" bedeutet. Wenn man erkannt hat, daß der Schöpfer des Universums niemals mit menschlichen Maßstäben zu messen ist und all unser menschlicher Verstand nicht ausreicht, ihn wirklich zu begreifen, dann wird es zu einem inneren Bedürfnis, diesen allmächtigen Gott und seinen Sohn Jesus Christus aus vollem Herzen zu loben und zu preisen!

Wie dankbar dürfen wir doch sein, daß wir mit seiner Hilfe aus einer Religion herausfinden durften, die von Menschen erdacht ist und die ihre Mitglieder nicht hinführt zu Jesus Christus, in dessen Namen allein der Mensch gerettet werden kann, sondern sie abhängig macht von einer durch und durch menschlichen Organisation. Einer Religion, die statt des biblischen Evangeliums eine Drohbotschaft verkündet, die die Gnade Gottes ungültig macht, weil sie ihre Mitglieder zu Leistungsdenken und Werkgerechtigkeit erzieht und ihnen vermittelt, nur dadurch das ewige Leben erreichen zu können.

Nachwort

Die Wachtturm-Gesellschaft kann auf eine über hundertjährige Geschichte zurückblicken. Im Jahr 1881 gründete der Kaufmann Charles Taze Russell in Amerika die „Watch Tower Bible and Tract Society“. Das deutsche Zweigbüro wurde 1903 in Wuppertal-Elberfeld eröffnet.

Zu Beginn ihrer Tätigkeit nannte sich die Gruppe noch „Ernste Bibelforscher“. Erst am 26. Juli 1931 gab ihr Joseph Franklin Rutherford, der Nachfolger Russells, während eines Kongresses in Columbus/Ohio einen neuen Namen. Um zu demonstrieren, daß sie allein die wahren Anbeter Jehovas auf Erden waren, nannten sie sich fortan „Jehovas Zeugen“.

Das heutige Zweigbüro in Deutschland hat seinen Sitz in Selters/Taunus und ist unter dem Namen „Wachtturm- Bibel- und Traktat-Gesellschaft“ im Vereinsregister eingetragen. Seit der Auflösung der ehemaligen DDR gibt es in Berlin eine zweite Vereinigung, die sich „Religionsgemeinschaft der Zeugen Jehovas in Deutschland“ nennt.

Ihre Mitgliederzahl beläuft sich weltweit auf etwa fünf Millionen, in Deutschland sind es zirka 166 500, davon allein 35 000 in den neuen Bundesländern.

Die Zeitschriften „Der Wachtturm“ und „Erwachet“ erscheinen alle 14 Tage, mit einer Auflage von 16 Millionen Exemplaren. Sie werden in über 100 Sprachen in 231 Ländern und Inselgebieten verbreitet.

Finanziert wird das Werk aus freiwilligen Spenden der Mitglieder. Ihre Zweigbüros und Druckereien und die Königreichssäle und Kongreßhallen haben einen immensen Immobilienwert. Ein großer Teil Brooklyns ist inzwischen in Besitz der Weltzentrale. Die zahlreichen Mitarbeiter in den Druckereien und Zweigbüros (allein in der Weltzentrale sind ca. 2000 Personen beschäftigt) fühlen sich aus ihrer Glaubensüberzeugung heraus zu dieser Arbeit gedrängt. Außer Kost und Unterbringung in eigenen „Bethel-Heimen“ beziehen sie nur ein geringes Taschengeld. So ist die Gesellschaft in der Lage, ihre Literatur äußerst preisgünstig herzustellen, da für sie Lohnkosten kaum anfallen.

In diesem Buch habe ich nicht nur unsere persönlichen Erlebnisse geschildert, sondern auch versucht, die psychologischen Aspekte des Lebens in einer Sekte ein wenig deutlich zu machen. Meine Ausführungen gründen sich hauptsächlich auf unsere eigenen Erfahrungen, die wir bei den Zeugen Jehovas gemacht haben.

Bei unserer intensiven Auseinandersetzung mit dem Thema „Sekten" ist uns das Lesen von entsprechender Literatur sehr hilfreich gewesen. Es hat dazu beigetragen, uns nicht nur sachlich mit diesem Thema auseinanderzusetzen, sondern auch die psychologischen Abläufe und Hintergründe besser zu erfassen.

Alle Wachtturm-Lehren, auf die ich eingegangen bin, hatten zur Zeit unserer Mitgliedschaft in der Organisation Gültigkeit. Allerdings unterliegen diese Lehraussagen ständigen Veränderungen (oft haben die neuen Präsidenten der Gesellschaft die Lehren ihrer Vorgänger revidiert), so daß es durchaus möglich ist, daß der Leser dieses Buches in neueren Wachtturm-Publikationen andere Aussagen findet.

In den sogenannten „Heimbibelstudien", in denen interessierten Personen die Wachtturm-Lehren beigebracht werden, verwendet man deshalb immer wieder neue Bücher mit der jeweils gültigen Lehraussage.

Als wir 1979 unser „Heimbibelstudium" absolvierten, studierten wir das Buch: „Die Wahrheit, die zu ewigem Leben führt" (erschienen 1968). 1982 wurde ein neuer Titel veröffentlicht: „Du kannst für immer im Paradies auf Erden leben".

Im Sommer 1995 erschien erneut ein „Studienbuch" mit dem Titel „Erkenntnis, die zu ewigem Leben führt". Ein Vergleich dieser drei „Studienbücher" zeigt deutlich, wie oft grundlegende Lehren der Gesellschaft sich wandeln.

Im „Wahrheitsbuch" wurde behauptet, daß die Generation, die 1914 wenigstens zehn Jahre alt gewesen war, den Gerichtstag Gottes noch erleben würde (siehe Seite 64). Man wies darauf hin, daß nach Psalm 90, Vers 10 die durchschnittliche Lebensdauer eines Menschen achtzig Jahre beträgt. Nach dieser Behauptung hätte das Ende der Welt um 1984 oder 1985 eintreten müssen.

Aber bereits 1982, bei der Veröffentlichung des „Paradiesbuches“, war die Unsicherheit der „leitenden Körperschaft“ in bezug auf diese Berechnung zu erkennen, denn im Paradiesbuch ging man auf einmal davon aus, daß die Generation, die das große Gericht Gottes erleben würde, im Jahre 1914 gerade geboren sein mußte (siehe Seite 65). Trotz dieser Veränderung blieb das Datum des Weltgerichtes aber immer noch „errechenbar“, man hatte es lediglich um zehn Jahre verschoben, so daß sich alle Endzeiterwartungen jetzt auf das Jahr 1994 konzentrierten.

Um nicht direkt zugeben zu müssen, daß man sich mit seinen Berechnungen wieder einmal geirrt hatte, wurde „diese Generation“ im neuen „Erkenntnisbuch“ einfach nicht mehr erwähnt. Man griff auf einen Bibeltext zurück, den man jahrzehntelang völlig ignoriert hatte. So heißt es im „Erkenntnisbuch“, Seite 96, Absatz 14, zu den Jüngern:

> „Um sie vor Spekulationen in dieser Hinsicht zu warnen, sagte Jesus: ‚Es ist nicht eure Sache, über die Zeiten oder Zeitabschnitte Kenntnis zu erlangen, die der Vater in seine eigene Rechtsgewalt gesetzt hat.‘“

Nicht mit einer Silbe wurde auf die eigenen Spekulationen eingegangen, die von der Organisation zum Weltende selbst schon angestellt wurden. Die Geschichte der Wachtturm-Gesellschaft ist mit immer neuen Endzeiterwartungen geradezu übersät. Hat sie sich mit all diesen Prophezeiungen, von denen nicht eine in Erfüllung gegangen ist, nicht selbst fast 100 Jahre lang über die Warnungen Jesu hinweggesetzt?

Dabei wurde jede der Vorhersagen zum Zeitpunkt ihrer Veröffentlichung als Glaubensdogma manifestiert und mußte von allen Mitgliedern bedingungslos als solches akzeptiert werden. Und heute werden genau diese Dogmen von der Gesellschaft selbst verworfen.

Seit Ende 1995 vertritt die Wachtturm-Gesellschaft erneut eine veränderte These zum Weltende, weil sich die gültige Formulierung nicht länger halten ließ.

Gerade die nicht eingetroffenen Vorhersagen haben immer wieder zu regelrechten Austrittswellen unter den Mitgliedern geführt.

Fachleute in den USA gehen davon aus, daß es heute mehr ehemalige als aktive Zeugen Jehovas gibt.

Auch in bezug auf den „treuen, verständigen Sklaven“ zeichnet sich in den Veröffentlichungen der Gesellschaft eine gravierende Veränderung ab.

Seit Bestehen der Organisation wurde immer behauptet, daß Jehova einen „treuen, verständigen Sklaven“ beauftragt habe, um sein Volk, nämlich die Zeugen Jehovas, hier auf der Erde zu leiten. Diese „Sklavenklasse“ setze sich ausschließlich aus Männern zusammen, die zu den 144 000 Auserwählten oder „Gesalbten“ gehörten. Da die meisten dieser Auserwählten bereits gestorben sind, gerät die Gesellschaft auch hier in Schwierigkeiten. Am 1. Juli 1995 erschien deshalb ein Wachtturm, der sich mit diesem Thema beschäftigte. Auf Seite 19, Absatz 17, wird noch an der alten Lehraussage festgehalten, denn dort heißt es:

> „Heute bildet die Gesamtheit der gesalbten Christen den ‚treuen und verständigen Sklaven‘, den Kanal zur Austeilung der geistigen Speise (Matthäus 24:45-47). Ähnlich wie im alten Israel muß jeder, der Jehova anbeten möchte, dies in Gemeinschaft mit den gesalbten Christen tun.“

Auf den folgenden Seiten werden die Leser mit dem Gedanken vertraut gemacht, daß die Anzahl der Gesalbten, die noch auf der Erde lebt, immer geringer wird und deshalb heute schon viele ihrer Aufgaben von den Gliedern der großen Volksmenge wahrgenommen werden.

Auf Seite 20, Absatz 2, wird dann die heikle Frage aufgeworfen:

> „Was wird mit der großen Volksmenge geschehen, wenn alle gesalbten Brüder ihren himmlischen Lohn empfangen haben?“

Natürlich hat die Organisation auch hier eine Antwort parat:

> „Sie muß sich keine Sorgen machen. In den gegenwärtigen ‚letzten Tagen‘ trifft Jehova Vorbereitungen für jene Zeit (2. Timotheus 3:1).“

Weiter wird bekanntgegeben, daß seit 1992 einige Glieder der großen Volksmenge das „Vorrecht erhielten, den Zusammenkünften der Komitees der leitenden Körperschaft beizuwohnen und als nicht stimmberechtigte Gehilfen zu dienen“ (Seite 22, Absatz 9).

Auf Seite 24, Absatz 16, steht dann fest, wie das „Volk Gottes“ in Zukunft geleitet werden wird:

> „Wenn die gesamte gesalbte Versammlung schließlich mit Christus vereint ist, wird die ganze Arbeit den anderen Schafen überlassen.“

Diese „anderen Schafe“ oder die „große Volksmenge“ wurden jahrzehntelang von der „leitenden Körperschaft“ am Gängelband gehalten. Eigene Erkenntnisse oder Studien wurden ihnen nicht zugetraut, ständig wurde ihnen vorgeschrieben, was sie zu tun oder zu lassen hatten. Und nun sollen sie plötzlich fähig sein, das „auserwählte Volk Gottes“ selbst zu leiten?

Interessanterweise hat Raymond Franz genau diese Entwicklung schon 1983 vorhergesehen. Er schreibt:

> „Zwar sind viele Mitglieder der leitenden Körperschaft älter als 70 oder 80 Jahre, doch jede neue Berufung muß von den restlichen Mitgliedern gebilligt werden, besonders von den dominierenden unter ihnen. Es ist auch keine Frage, daß es immer schwieriger werden wird, geeigneten Ersatz zu finden, da die Anzahl der ‚gesalbten‘ Männer zusehends schwindet. Möglicherweise muß die leitende Körperschaft eines Tages ihr Prinzip aufgeben, nach dem nur Angehörige dieser Gruppe aufgenommen werden können. Das ließe sich aber mit der Lehre von der Sonderstellung des ‚treuen und verständigen Sklaven‘ nur schwer vereinbaren, und darum wird man es so lange wie möglich hinausschieben“ (Der Gewissenskonflikt, Seite 329).

So viel zu den ständigen Veränderungen in den Wachtturm-Lehren.

Die Zeugen verwenden eine der effektivsten Werbemethoden überhaupt, indem sie ihre Mitmenschen auf öffentlichen Plätzen und Straßen oder an deren Haustüren direkt ansprechen. Das freundliche Interesse, welches sie dem Wohnungsinhaber entgegenbringen, ist ihnen als Gesprächstaktik systematisch antrainiert worden. Es zielt darauf ab, zuallererst das Vertrauen des anderen zu gewinnen, denn nur so haben sie eine Chance, dem Wohnungsinhaber ihre Lehre zu verdeutlichen. Da es den Anschein hat, als würden sie sich sehr gut in der Bibel auskennen, besteht für den Laien die große Gefahr, von ihnen vereinnahmt zu werden. Wer selbst keinen fundierten Glauben hat, sollte sich deshalb auf keine Gespräche mit ihnen einlassen.

Ich hoffe, daß mein Bericht den Leser zum Nachdenken anregt und ihn dazu bringt, den Zeugen Jehovas noch kritischer zu begegnen, aber auch seinen eigenen Glaubensstandpunkt zu überdenken.

Sollten getaufte Zeugen Jehovas dieses Buch lesen, so wünsche ich ihnen den Mut, ihren bisherigen Glauben kritisch zu hinterfragen. Wenn sie sich mit ehrlichem Herzen auf die Suche nach der Wahrheit machen, werden sie mit Gottes Hilfe erkennen, das die Lehraussage der Wachtturm-Gesellschaft nur eine Scheinwahrheit ist.

Wie Pilze schießen in unserem Lande neue Sekten aus der Erde. Man geht davon aus, daß es in Deutschland zirka 1000 verschiedene Gruppierungen mit über 1 Million Anhängern gibt. Wir sind davon überzeugt, daß die beste Möglichkeit, sich und seine Angehörigen vor dem Einfluß der Sekten zu schützen, darin besteht, sich über deren Verführungsmethoden zu informieren. Aus diesem Grunde sind wir heute als Mitarbeiter in dem Verein „SOS, Sektenopferselbsthilfe“ in Nürnberg tätig.

Der Glaube an den auferstandenen Herrn Jesus Christus hat uns von allen Zwängen und dem psychischen Druck, dem wir bei den Zeugen Jehovas ausgesetzt waren, befreit. Jede Entscheidung in Lebens- oder Glaubensfragen treffen wir heute aus einer inneren

Freiheit heraus, aus Liebe zu Christus. Wir dürfen die Worte des Apostel Paulus aus Galater 5, Vers 1 in Anspruch nehmen:

> „Für die Freiheit hat Christus uns frei gemacht. Steht nun fest und laßt euch nicht wieder durch ein Joch der Sklaverei belasten!"

Heute dürfen wir in der wahren Freiheit der Kinder Gottes leben. *Jede* Sektenführung aber, egal, ob es ein einzelner Mensch oder ein Gremium ist, bringt ihre Mitglieder in dauernde psychische Abhängigkeit! Freiheit in einer Sekte gibt es nicht!

Dem Leser, der sich intensiver mit der Theologie der Wachtturm-Gesellschaft auseinandersetzen möchte, sei die Broschüre *„Was glauben Zeugen Jehovas – Was sagt die Bibel dazu?"*, die wir herausgegeben haben, empfohlen. In ihr werden die einzelnen Lehrpunkte der Organisation besprochen und den Aussagen der Heiligen Schrift gegenübergestellt.

Die Broschüre ist für DM 5,– plus Porto unter folgender Adresse zu beziehen:

Werner Deppe, Linden 38, 91635 Windelsbach.

Telefon: 09861-5407.

Hans-Jürgen Twisselmann

Der Wachtturm-Konzern der Zeugen Jehovas

Anspruch und Wirklichkeit

288 Seiten. ABCteam Paperback
Bestell-Nr. 3-7655-1056-4

Sie sind eine der aktivsten Sekten weltweit: die Zeugen Jehovas. Die missionarischen Aktivitäten und das interne Leben der schnellwachsenden Religionsgemeinschaft werden von einer Organisation geleitet, in die selbst Zeugen Jehovas wenig Einblick haben: die Wachtturm-Gesellschaft. Hans-Jürgen Twisselmann hat tief hinter die Kulissen geschaut und enttarnt dramatische Vorgänge innerhalb der Führungsspitze dieser Verlagsgesellschaft, deren steiler Aufstieg gekennzeichnet ist durch prophetisches Sendungsbewußtsein, aber auch durch jahrelange interne Machtkämpfe, die heute durch Unterdrückung der Freiheit und Ausschaltung jeder Opposition ausgeschlossen sind. Anhand zahlreicher Zeugenaussagen und Publikationen nicht zuletzt der Wachtturm-Gesellschaft selbst wird erkennbar, wie sich die Zeugen Jehovas von einer ehemals freiheitlichen Glaubensgemeinschaft zu einer streng hierarchisch strukturierten Sekte entwickelt haben, die ihre gutgläubigen Anhänger in immer tiefere Abhängigkeit drängt.

Christiane Gratenau

Von Rudolf Steiner zu Jesus Christus

Meine Auseinandersetzung mit der Anthroposophie

112 Seiten. ABCteam-Taschenbuch. 8. Auflage
Bestell-Nr. 3-7655-3491-9

„Ich habe drei Jahre lang in einer anthroposophisch orientierten Gemeinschaft gelebt, bestimmt von der Überzeugung, in der Anthroposophie die wahre Antwort auf alle wesentlichen Fragen des Lebens gefunden zu haben oder irgendwann noch zu finden. Diese Überzeugung habe ich inzwischen abgelegt, und ich möchte berichten, wie es dazu gekommen ist."
Irgendwie weiß jeder etwas über die Anthroposophie und ihren Begründer Dr. Rudolf Steiner. Viele wissen allerdings auch nicht mehr, als daß die Waldorfschulen eben viel besser sein sollen als die öffentlichen Schulen, daß der biologisch-dynamische Landbau den Boden aufbaut statt vergiftet usw. Was steckt jedoch hinter dieser „Reformbewegung"? Anhand ihrer persönlichen Lebensgeschichte setzt sich Christiane Gratenau kritisch mit der Anthroposophie auseinander.

BRUNNEN VERLAG GIESSEN

Jürgen Tibusek

Ein Glaube – viele Kirchen

Die christlichen Religionsgemeinschaften –
Wer sie sind und was sie glauben

624 Seiten. Fester Einband. 2. Auflage.
Bestell-Nr. 3-7655-1593-0

„Ein Glaube, viele Kirchen“ stellt die großen und die kleinen christlichen Glaubensgemeinschaften vor, erzählt ihre Geschichte, dokumentiert den theologischen Standpunkt, bringt Beispiele aus der aktuellen Glaubenspraxis.
Viel Raum wird vor allem den christlichen Gemeinschaften neben den beiden großen Volkskirchen gewidmet. Daten und Fakten geben Einblick in die Struktur der Organisationen, kommentierte Zitate aus offiziellen Verlautbarungen der Kirchen und Gruppen informieren den Leser aus erster Hand. Ein populär geschriebenes, umfassendes Nachschlagewerk sowohl für die schnelle Information als auch für die tiefergehende Beschäftigung mit einzelnen christlichen Religionsgemeinschaften.

BRUNNEN VERLAG GIESSEN